The Secret of Elf Wood – Das Geheimnis des Elfenwaldes

von Momo Evers

W0409174

Langenscheidt

Berlin · München · Wien · Zürich
London · Madrid · New York · Warschau

Lektorat: Gabriele Dietz
Englischsprachiges Lektorat: Charlotte Collins
Illustrationen: Claudia Flor
Umschlaggestaltung: init.büro für gestaltung, Bielefeld
unter Verwendung von Illustrationen von Claudia Flor

Für Thom und einen Abend im Juni

www.langenscheidt.de

© 2011 by Langenscheidt KG, Berlin und München
Satz: kaltner verlagsmedien GmbH, Bobingen
Druck und Bindung: Stürtz GmbH, Würzburg

ISBN 978-3-468-20644-3

11010

The **Trial** Begins

Ich bin Tara Steppenkind, Schwester von Turien und Tochter von Andra und Kian, die einst die besten Jäger unseres Stammes gewesen sind. Als ich vier Jahre alt war, gingen meine Eltern fort und kamen nie zurück. Ich weiß trotzdem, dass ich sie wiedersehen werde, eines Tages, in dem Garten zwischen Licht und Traum. In den Elfenwäldern des Alten Volkes, von denen die Geschichten und Lieder unserer Ahnen erzählen. Ich wünsche es mir, seit ich klein bin. Ganz, ganz fest. Und weil ich weiß, dass es nicht reicht, sich etwas ganz, ganz fest zu wünschen, werde ich selbst mithelfen, dass mein Wunsch Wirklichkeit wird. Bald schon, sehr, sehr bald, wenn die Sonne zweimal versunken und wieder aufgegangen ist. Dann werde ich meine Reifeprüfung bestanden haben und eine echte Steppenjägerin sein. Dann kann ich frei entscheiden, wohin mein Pferd mich trägt.

trial Prüfung

Drei Tage wird die Prüfung dauern, und heute ist der erste von ihnen: der Tag des Rotwilds. Heute gibt es nur uns Kinder, unsere Pferde, die weiten, grünen Hügel und unsere Beute, die irgendwo dort draußen auf uns wartet. Ich bin unsere beste Bogenschützin, und ich werde den Hirsch treffen müssen. Ich weiß, dass ich es kann, und habe keine Angst. Ganz ruhig lausche ich den Worten des Jagdsegens, den Runa für uns spricht. Ihre Stimme mag brüchig sein vom Alter, knarren wie morsche Äste im Wind, und doch ist sie voller Kraft und Härte – und zugleich voller Liebe. Wir vom Steppenvolk sprechen den Jagdsegen vor jeder Jagd, und immer ist es die Älteste unseres Stammes, die ihn sagt. Deshalb weiß ich, dass Runa einst, vor sieben Sommern, die gleichen Worte zu meinen Eltern gesprochen hat. Der Gedanke, durch diesen Segen mit ihnen verbunden zu sein, macht mich glücklich:

I believe in **nature**.
I believe in **strength**.
I believe in the **hunt**.
May the **Ancient Spirits** give me strength.
May the **hunting trail lead** me.
Ride, people of the steppe, ride!
May the best one win!

nature Natur
strength Kraft
hunt Jagd
may mögen
Ancient Spirits Alten Geister
hunting trail Jagdspur
lead führen

Ich lächle Turien zu, der mit großen, ängstlichen Augen zu mir aufblickt – äußerlich ein jüngeres Spiegelbild meiner selbst und im Herzen sanft, wo ich hart, furchtsam, wo ich mutig, und weise, wo ich rastlos bin. Es ist jedes Mal so, wenn wir ausreiten. Verlass mich nicht, scheint sein Blick zu sagen, nicht auch noch du, geliebte Schwester.

Und ich nicke ihm aufmunternd zu: Ich verlasse dich nicht, geliebter Bruder. Niemals. Ich werde immer bei dir sein.

Ich presse mich eng an den Hals meines Pferdes, spüre

seine Wärme, das leichte Zittern, das durch seine Muskeln läuft, und die unbändige Kraft in ihm. Gleich wird es dem Druck meiner Schenkel folgen, nicht länger stillstehen, sondern laufen. Weit hinaus in die Steppe, jenes Land aus Gras, Wasser, Steinen und Himmel, das ich so sehr liebe und das meine Heimat ist. An meiner Seite sind Merle und Niall, sind Kestrel und Thale, die wie ich schon bald mit den Erwachsenen reiten werden. Auch ich werde stark sein und mutig. Werde meinen kleinen Bruder Turien beschützen, wie Mum und Dad es getan hätten. Er ist nur zwei Jahre jünger als ich. Wo ich der Sturm bin, ist er der sanfte Wind über den Hügeln. Ich bin eine Jägerin, er ist ein Bewahrer, ein Heiler. Und deshalb werde ich die Wölfe fernhalten von seinem Lager und ihm das zarteste Büffelfleisch bringen, wenn er hungrig ist. Ganz so, wie es die Gesetze des Alten Volkes sagen, die auch die unsrigen sind.

secret geheimen
wood Wald
elves Elfen
life Leben
sparkles glänzt
as much as so sehr
could könnte

Unsere Gesetze sind Lieder. Sie sind sehr schön und erzählen von der Natur und dem Leben, von der Kraft und dem Tod, von den Pferden und der Jagd – und von den Elfenwäldern erzählen sie auch:

Come with me, my friend, to the **secret wood**
where the **elves**, where the unicorns live,
where **life sparkles as much as** it **could**
and where magic has so much to give.

sunbeam Sonnenstrahl
meets trifft
laughter Gelächter
rhyme Reim
there's es gibt
light Licht
there dort
free frei
all alle
other andere
shine strahlen
soul Seele
human Mensch
ever je
whole ganz
dream Traum
love Liebe
just einfach
have to musst
follow folgen
call Ruf

Where **sunbeam meets laughter**,
where magic meets **rhyme**,
where **there's light**, where there's life, **there** you'll be **free**,
where the trees and the birds and **all other** things **shine**.
Take your time, take my hand, come with me.

No **soul** of a **human** can **ever** be **whole**,
no **dream** humans dream, no **love** humans give,
you **just have to follow** the **call** of your soul
to where the Ancient Spirits live.

Ich kenne jede Strophe dieser Lieder. Nur eine Strophe kenne ich nicht. Und das ist jene, in der beschrieben wird, wie man die Elfenwälder finden kann. Ich kenne sie nicht, weil mein Volk diese Strophe vergessen hat.
Ich kann nicht verstehen, wie das geschehen konnte. Ich meine: Wenn man einen Weg kennt, der einen zu den blütenweißen Pferden der Elfen mit den smaragdfarbenen Augen und den schimmernden Hörnern führt, die erst hervorbrechen, wenn sie erwachsen werden und ihre Magie erwacht. Einen Weg zu den Elfen mit ihrem Haar aus Seide, so weiß wie der Schnee auf

den höchsten Gipfeln, und Augen so hell wie die Sonne. Einen Weg zu den Palästen in den Bäumen und den Liedern der Harfen, deren Magie wie ein Flüstern ist und zugleich wie ein Sturm. Einen Weg zu dem Garten zwischen Licht und Traum, in dem unsere Toten wandeln und in denen wir sie besuchen können, ihre Seelen berühren, mit ihnen sprechen. Einen solchen Weg vergisst man doch nicht!

Aber Runa, deren Haar nicht weiß ist, sondern grau wie der Ruß, hat es mir immer wieder gesagt, sooft ich sie auch gefragt habe: Die Strophe ist vergessen. Niemand kennt sie. Niemand erinnert sich. Es ist besser so. Die Elfen haben sich vor langer Zeit von uns abgewandt. Sie möchten nicht gefunden werden. Die Nähe zu ihnen ist gefährlich. Wir achten ihre Weisheit, aber wir suchen ihre Nähe nicht. Sie sind uns fremd geworden. Niemand erinnert sich. Es ist besser so.

So viele Nächte habe ich wach gelegen, nachgedacht und keine Antwort gefunden, und ich werde sie auch jetzt nicht finden. Denn jetzt ist nicht die Zeit für Fragen, auf die es für Kinder keine Antwort gibt. Jetzt reiten wir.

"May the best one win!", rufe ich, rufen Merle und Niall, rufen Kestrel und Thale, und unser Ruf hallt weit über das wogende Gräsermeer, als wir unseren Pferden die Schenkel in die Flanken drücken. "Ride, people of the steppe, ride!" Und dann fliegen wir dahin, treiben unsere Tiere an, dass der Speichel von den Lefzen fliegt und der Wind unsere Haare zaust.

Wir sind Jäger des Steppenvolkes. Und wir fürchten uns nicht!
Ich sehe die Rotwildherde als Erste, setze mich auf im fliegenden Galopp, halte mich mit den Schenkeln fest und spanne den Bogen. Die anderen schwärmen aus, reiten mitten hinein in die fliehende Herde und treiben ein einzelnes Tier aus ihrer Mitte fort, direkt auf mich zu.
"Yeeehaa!", ruft Merle, die mir entgegenreitet. "**Come on**, Tara! **Aim for** the **heart**!"

Come on! Komm schon!
aim for ziele auf
heart Herz
that das
was war

Und genau das mache ich, konzentriere mich, ziele und lasse den Pfeil fliegen. Einen Atemzug später ist der Hirsch tot.
Wir zügeln unsere Pferde, mein Gesicht glüht vor Stolz.
"**That was** great!", keucht Niall, und da ist kein Neid in seiner Stimme.
"Thank you, Niall", sage ich. "The next one is yours!"
Ich liebe es, wenn wir in der Sprache des Alten Volkes sprechen. Es ist die Sprache der Jagd, und sie birgt all unsere Geheimnisse und all unser Wissen um das Leben und das Überleben, um die Jagd und den Tod. Ich gehe zu dem Hirsch und ziehe den Pfeil aus seinem Herzen. Er hat nicht leiden müssen. In dem Moment, als mein Pfeil ihn traf, in dem Moment, als er fiel, war sein Leben zu Ende.
Ich wische den Pfeil mit Gras sauber und stecke ihn zurück in den Köcher an der Seite meines Pferdes.

"**Well done, Stormwind**", flüstere ich seinen Namen an seinen weichen, bebenden Nüstern.
Auch die anderen sind abgestiegen. Wir stellen uns im Kreis um den Hirsch und schauen ihn lange an. Es ist Niall, der das Schweigen bricht.
"We **did** it", sagt er schlicht. "That was great! We are great!" Und dann, als wäre ein Zauber von uns genommen, reden wir plötzlich alle durcheinander. Wie es für jeden Einzelnen war, was er gesehen oder getan hat. Wir nehmen uns in die Arme und juchzen und johlen und tanzen wie ein Haufen wild gewordener Jungbären. Wir haben es geschafft! Wir haben die erste Prüfung bestanden!
"Come on", jappst Thale schließlich und löst sich aus unserem Kreis: "The first meat **belongs to** the **hunters**."
Wie auf ein Kommando schwärmen die anderen aus, um Holz zu suchen, damit wir ein Feuer machen und den Hirsch braten können. Ihn auszunehmen ist Merles und meine Aufgabe: Sie war die erste Treiberin, ich die Schützin. The first meat belongs to the hunters. The first **cut** is the first **herder**'s and the first hunter's **honour**. So sagt es das Gesetz der Jagd.
Merles Augen strahlen, als sie sich neben mir ins hohe Gras sinken lässt: "Ich bin sicher, dass deine Eltern dich gesehen haben. Bestimmt sind sie stolz auf ihre Tochter. Genauso wie ich. Ich bin so stolz auf

Well done. Gut gemacht.
'Stormwind' 'Sturmwind'
did haben geschafft
belongs to gehört
hunters Jäger
cut Schnitt
herder Treiber(in)
honour Ehre

dich, Tara – stolz auf meine Freundin, die beste Jägerin unserer Gruppe."

Meine Eltern ... Automatisch wandert meine Hand an meine Seite, wo das Elfennetz an meinem Gürtel hängt. Es ist ein Fangnetz, stark genug, einen ausgewachsenen Bären zu halten, und doch leicht wie eine Feder und durchscheinend wie das Licht der Sterne. Ich habe es von meiner Mutter geerbt, so wie sie es von ihrer Mutter und diese von der ihrigen erhalten hat. Das Netz ist mein Schatz: ein Band zu meinen Eltern und mein greifbarer Beweis dafür, dass es sie wirklich gibt, die Elfen und den Garten zwischen Licht und Traum.

bright hell
hope Hoffnung
faith Glaube
despair Verzweiflung
sorrow Kummer
joy Wonne
grace Gnade
elf wood Elfenwald
that dieser
place Ort
never nie
part uns trennen

There is a garden, shining **bright**,
the garden between dream and light.
Where soul meets soul, where **hope** meets **faith**;
despair and **sorrow**, **joy** and **grace**.
In the **elf wood**'s secret heart,
in **that place** we'll **never part**.

Das Netz zu berühren gibt mir Trost, erstickt die Trauer, und schon grinse ich wieder. "Ach, Merle, komm schon. Ohne deine Hilfe hätte ich es nie geschafft. Du bist unsere beste Treiberin, und du weißt es ganz genau."

"Okay", sagt sie und lacht, wie nur sie lachen kann: laut

und glucksend wie ein Gebirgsbach. “Wir sind beide großartig!” Dann nimmt sie mich in die Arme und flüstert: “Ich war wach letzte Nacht. Ich weiß, ich hätte schlafen sollen, aber ich konnte einfach nicht ...”
Ich weiß sofort, was sie meint. Gestern Nacht ist der Thing zusammengekommen, direkt vor dem Zelt des Häuptlings. Vor Ravis Zelt, das auch Merles Zelt ist. Denn Ravi, der Häuptling unseres Stammes, ist Merles und Nialls Vater. Wir sind noch nicht Mitglieder des Things und dürfen erst teilnehmen, wenn wir die Reifeprüfung bestanden haben. Natürlich: Heimlich zu lauschen, was die Erwachsenen sagen, ist wenig ehrenhaft – aber ungemein spannend ist es doch.
“Na los”, wispere ich und rücke noch etwas näher an ihre Seite, während Thale einige Schritt weit entfernt den ersten Holzscheit zum Glimmen bringt, “erzähl schon! Worüber haben sie gesprochen?”
Merle macht ein ungemein gewichtiges Gesicht und holt tief Luft. “Das errätst du nie!”
Ich spiele das Spiel mit, um Merle eine Freude zu machen. “Über die Reifeprüfung und ihre Aufgaben?”
“Falsch.”
“Über den Zeitpunkt, an dem wir unsere Pferde behalten dürfen?”
“Falsch.”
“Über die fehlende Strophe im Elfenwald-Lied?”
Merle verdreht die Augen. Sie glaubt nicht, dass es jemals Elfen gegeben hat – und auch nicht an Elfenpferde, Zauberwälder und Baumpaläste. Nur an Kobolde

glaubt sie – oder behauptet es zumindest, weil sie deren Wüten stets die Schuld gibt, wenn es in ihrem Teil des Zeltes aussieht, als sei ein junges Fohlen hindurchgetollt. Ich habe Merle erzählt, dass ich nach der Reifeprüfung die Elfenwälder suchen will, und ich habe gesehen, dass ich ihr damit Angst mache. Es ist wie ein böser Fluch, den ich nicht verstehe: dass wir die Elfen, die Ancient Spirits, achten, ihre Gesetze leben und ihre Erinnerung ehren, ihre Sprache weitergeben, ihre Geschichten an den Lagerfeuern erzählen und doch nicht davon sprechen dürfen, sie zu suchen. Ganz so, als hätte es sie nie gegeben oder als wäre ihre Existenz in unserer Erinnerung ein Segen, doch ihre Existenz in unserer Gegenwart ein Unheil. Ich verstehe es nicht, aber auf meine Fragen erhalte ich keine Antwort.

"Es ist wegen deiner Eltern", hat Merle einmal zu mir gesagt, "weil du glaubst, dass du sie wiedersehen kannst in diesem Garten zwischen Licht und Traum, auf einer fernen Insel im Herzen des Elfenwaldes, wo die Seelen der Toten zu Hause sind. Aber so einen Wald gibt es nicht – weder einen mit Elfen, noch einen mit Toten darin! Und selbst wenn es ihn gäbe, dürfen wir ihn weder suchen noch betreten, und das weißt du auch. Mein Vater verbietet es. Runa verbietet es. Es bringt Unheil über unser Volk, nach den Elfenwäldern zu suchen. So glaub mir doch, Tara, es gibt sie nicht!"

Das ist die einzige Frage, über die Merle und ich uns je

gestritten haben, und ich weiß selbst nicht, warum ich sie ausgerechnet jetzt wieder hervorkrame. Vermutlich, weil ich mir so sehr wünsche, Merles Antwort auf die Frage nach der fehlenden Strophe wäre: Ja.
Aber Merle ist meine beste Freundin, und deshalb wird sie nicht wütend und schluckt auch ihren Spott über meine Hirngespinste hinunter, der ihr sonst immer recht locker auf der Zunge sitzt. "Leider auch falsch, Tara. Ich sagte doch, du errätst es nie! Sie haben über Turien gesprochen!"
"Über Turien?" Meinen kleinen Bruder? Vor Staunen vergesse ich kurz, mich auf das Abziehen der Haut zu konzentrieren. Nun klafft ein kleiner Spalt in der Hirschhaut, direkt neben dem linken Hinterlauf. "Mist", fluche ich, aber Merle lacht: "Es ist nicht so schlimm. Mein Vater hat mir erzählt, bei seiner Reifeprüfung haben sie den ältesten Hirsch der Herde gefangen. Alle anderen sind ihnen davongeprescht. Unser Tier war jung und stark! Da wird ein kleiner Schnitt im Leder unseren Erfolg kaum schmälern."
Kurz geht erneut ein Stich durch mein Herz und ich frage mich, wie wohl die Reifeprüfung meiner Eltern gewesen ist. Sicher hätten auch sie mir davon erzählt, wie sie gemeinsam mit Ravi über die Steppe geflogen sind. Ravi, Merles und Nialls Vater und Häuptling der Steppenreiter, der einst der beste Freund meiner Mutter und meines Vaters gewesen ist. Schnell schiebe ich den Gedanken beiseite. "Und was haben sie über Turien gesagt?"
"Hm", sagt sie leise, "um ehrlich zu sein: Ich habe nicht

alles verstanden. Ich konnte nicht allzu nah heran und sie haben in der Sprache der Ancient Spirits gesprochen. Sie haben gesagt, dass sie sich um ihn sorgen. Runa hat ... glaube ich ... irgendetwas gesehen. Etwas von ihm geträumt, vielleicht. Und dann hat ihre Stimme plötzlich ganz sonderbar geklungen:

"**Heir** of **myth** and heir of sorrow,
Always believe in a brighter tomorrow.
Where myth meets faith,
where strength meets **silence**,
they **will change** the world."

heir Erbe, Erbin
myth Mythos
silence Stille
will werden
change verändern
has come ist gekommen

"Das ist mein Lieblingslied", platzt es aus mir heraus, "das mit der ..."
"... fehlenden Strophe, ich weiß. Aber sie hat es nicht gesungen. Eher gesprochen. Mit einer seltsam klaren Stimme. Ganz fremd. Und dann hat sie gesagt: 'The time **has come**. I can feel it.' Na ja ... und dann haben sie ziemlich lange betreten geschwiegen. Sag selbst, Tara, ist das nicht sonderbar? Ich jedenfalls verstehe kein einziges Wort davon."
"The tiiiime has coooome, I can feeeel it", singe ich mit krächzender Stimme. "Klingt ganz schön gruselig."
Ich muss lachen, stubse Merle in die Seite, puste ihr die trüben Gedanken aus der Stirn und ziehe sie hoch. "Darüber sorgen wir uns später, ja? Heute ist unser Tag.

Lass uns den Hirsch zu den anderen bringen. The time has come. Und ich habe einen Bärenhunger!"
Sie nickt, lächelt nun auch und hat ihre Sorgen bereits wenige Sekunden später vergessen.
In meinem Inneren aber tobt ein Sturm. Ich habe Runa schon einmal so sprechen hören – in dieser hohen, seltsam fremden Stimme, die Merle beschrieben hat. Runa ist eine Seherin. Es gibt nicht viele von ihnen.

Those who see what is to be
see our future, you and me.
Although humans through and through,
fate **gave them** a **clearer view**.

Wenn eine Seherin in Zungen spricht, weiß sie es nicht. Es ist, als spräche eine andere Stimme durch sie. Als schlummere ihr eigener Geist, ihr eigenes Selbst in dieser Zeit an einem anderen Ort.

those diejenigen
although obwohl
gave hat gegeben
them ihnen
clearer klarer
view Sicht

Damals, vor sechs Sommern, als ich Runa schon einmal so sprechen hörte, war Turien, mein geliebter Bruder, sehr krank. Runa und ich saßen Tag und Nacht an seinem Lager. Ich hatte schreckliche Angst. "Wird er ... wird er sterben, Runa?"
Sie hat nicht Ja gesagt. Auch nicht Nein. Sie hat einfach geschwiegen. Und ich habe zu zittern begonnen, immer stärker, wie ein junges Blatt im Herbststurm, und konnte gar nicht mehr aufhören damit.

Doch dann, ganz plötzlich, sprach sie zu mir, in dieser fremden, hohen Stimme. Den Blick nach innen gerichtet, weit fort und doch nah: "He will not **die**, my child. His fate is **already sealed**."

Sein Schicksal ist bereits geschrieben, denke ich jetzt. *The time has come*. Und dabei durchläuft mich ein kleiner Schauder. Als wäre es die Hand meiner Mutter, die mir im Schlaf über die Stirn streicht, oder die Hand meines Vaters, die meinen Bogen führt.

die sterben
already schon
sealed besiegelt

The Thing

We did it!”, ruft Merle, noch ehe wir in der einbrechenden Abenddämmerung in gestrecktem Galopp unsere Jurten erreicht haben. Wir alle fallen ein: “May the best one win!”
Doch unser Jubelschrei verhallt unbeachtet. Niemand rennt uns entgegen, es ist still über den Zelten. Verwundert und alarmiert drosseln wir unser Tempo, lassen die Pferde in Schritt fallen, lauschen.
“Was ist da los?”, zischt Merle, die an meine Seite geritten ist, und deutet auf den Thing-Platz. Dort ist unser Stamm versammelt und blickt uns stumm entgegen. Ich zucke die Schultern; gemeinsam reiten wir näher, steigen ab. Unsere Hochstimmung ist verflogen. Unsicher lösen wir Fleisch und Haut des Hirsches aus den Riemen an den Flanken unserer Pferde, tragen sie stumm zu Runa und Ravi und legen sie vor ihren Füßen nieder, wie es der Brauch der Steppenreiter ist. Beide nicken kurz – anerkennend, aber abwesend. Konzentriert, aber nicht bei uns.
“Was ist passiert?”, bricht schließlich Niall das Schweigen.
Diese Frage steht ihm nicht zu, und in Erwartung einer Strafe halte ich kurz die Luft an. Aber Ravi antwortet ihm, die Stimme fest und klar wie stets. Nur kurz meine ich, einen Schatten von Furcht darin zu hören. Und von Schmerz.

“**Welcome back**, hunters and herders of our **tribe**. You’**ve done** well. **I’m proud** of you and **glad** to have you back. I am sorry **that** we **cannot welcome** you as you **deserve**.” Seine hellen Bernsteinaugen sehen uns an, jeden von uns, einen nach dem anderen. Der Steppenwind fährt durch seine langen, grauen Haare und lässt sie tanzen.

welcome back willkommen daheim
tribe Stamm
have done habt gemacht
proud stolz
I’m glad es freut mich
that dass
cannot nicht können
welcome willkommen heißen
deserve es verdienst
us uns

Er muss uns nichts erklären: Ravi spricht in der Sprache des Alten Volkes. Dies hier ist ein Thing. Wir haben unsere Reifeprüfung noch nicht ganz bestanden und sind daher noch keine vollwertigen Mitglieder des Stammes. Wir müssen gehen.

Ich zupfe Merle am Ärmel, will sie gerade mit mir ziehen – doch Ravi hält mich zurück: “You will stay with **us**, Tara, daughter of Kian and Andra and sister of Turien.”

Erstaunt sehe ich ihn an, während Merle an meiner Seite ein leises “Wow” entfährt. Niall wendet sich ab, zieht seine Schwester mit sich fort. Die anderen folgen ihm. Sie nehmen ihre Pferde am Zügel und auch Stormwind mit sich. Schwach glimmt das Feuer in der Mitte des Things. In der Ferne heulen die Wölfe.

Ich sehe ihnen nach, und Merle dreht sich noch einmal um und macht eines unserer geheimen Zeichen.

Es bedeutet: Wir treffen uns an den Moossteinen. Ich nicke ihr zu, dass ich verstanden habe. Dort, nahe dem Lager, treffen wir uns oft in der Nacht. Sprechen über die Welt, die Jagd, das Leben, die Zukunft. Manchmal auch über die Vergangenheit. Oder schauen einfach in die Sterne, froh darüber, einander zu haben, Freunde zu sein.

Merles Neugierde kann ich gut verstehen. Es ist noch nie vorgekommen, dass eines von uns Kindern an einem Thing teilnehmen durfte. Zumindest nicht, soweit ich mich erinnern kann. Und ich habe auch noch nie davon gehört, dass es früher einmal geschehen wäre.

Nach Jubel ist mir dennoch nicht zumute. Ich rieche die Angst, die wie ein schwerer Mantel über unserem Lager liegt. Langsam umhüllt sie auch mich, und ohne zu wissen, worum es geht, fallen mir Merles Worte wieder ein. Was sie mir gesagt hat, nach der Jagd, über Turien und Runa. Und plötzlich nimmt die Furcht Gestalt an, bauscht sich ihr Mantel, nimmt mir die Luft zum Atmen. "Turien?", keuche ich, "Is he ... has something ... ?"

is alive lebt
Don't worry. Mach dir keine Sorgen.
praise gepriesen seien

Das Lächeln in Runas Augen dämpft meine Furcht, auch wenn es wie von ferne zu kommen scheint und voller Kummer ist. "He **is alive**, my child. **Don't worry.**"

"**Praise** the Ancient Spirits!", flüstere ich und spüre, wie mir Tränen der Erleichterung in die Augen schießen. Ich weine sie gern. Wir sind die Herren der Steppe. Ein stolzes Reitervolk, ja. Aber wir schämen uns unserer Gefühle nicht. Sie sind ein Teil unserer Stärke, treiben uns voran. Was mich treibt, ist meine Sehnsucht. Tara, das bedeutet: der hellste Stern am Himmel. Und nichts anderes will ich sein. Will so hell leuchten, dass ich Turien den Weg weisen kann, auch durch die dunkelste aller Nächte. Ich werde so lange strahlen, bis wir unsere Eltern wiedergefunden haben, mein Bruder und ich.

happened ist passiert
found hat gefunden
perhaps vielleicht
young junges
foal Fohlen
brought hat gebracht

Fragend lasse ich meinen Blick über den Thing schweifen. Sehe in die Augen all jener, die ich liebe. Ihre Blicke kann ich nicht deuten. Angst liegt darin, aber auch Zweifel. Misstrauen? Kummer?

Mein Blick kehrt zurück zu Runa. Runa, die mir und Turien in all den Jahren wie eine Mutter gewesen ist. "What **happened**?", frage ich leise in die große Stille hinein.

Sie nickt, setzt an, verstummt, sucht erneut nach ihrer Stimme, strafft die zarten, vom Alter gebeugten Schultern. "Turien **found** something today. Or **perhaps** it found him. A **young** ... horse. A **foal**. He **brought** it to our tents."

"A foal?", frage ich. Und deshalb ist der Thing zusammengekommen? Ein Fohlen zu finden ist nichts Ungewöhnliches. Wir fangen Steppenpferde und ziehen auch ihre verlorenen Fohlen groß. Die Pferde sind unsere Gefährten, sie begleiten uns auf der Jagd und schlafen im Winter in unseren Jurten. Auch ich habe Stormwind gefunden, als er klein war. Allerdings: Turien ist ein Heiler. Es ist ungewöhnlich, dass Pferde zu ihnen finden. Diese Ehre wird meist nur den Jägern unseres Volkes zuteil.

"You are asking **yourself** what is so **special** about this foal that we **have called** the Thing **together**", sagt Ravi ernst. "It will not be easy **for** you to understand. And it will be **even harder** to do **what must be done**."

Ich nicke, obwohl ich noch immer kein Wort verstehe. Ravi wirft einen kurzen Blick zu Runa. Erst als sie nickt, wendet er sich wieder mir zu:

"I will tell you a story. We **have** never **told** it to the young ones, but you will be a woman **soon**. And we, the **elders**, think that you **must** hear it. To understand. To understand our **decision**."

"Understand your decision?", entfährt es mir, und ich könnte mich ohrfeigen, weil ich nun schon zum zweiten Mal ungefragt spreche und Ravi die Worte nachplappere wie ein kleines Kind. Zum Glück geht er darüber hinweg und die Schande einer Zurechtweisung vor dem Thing bleibt mir erspart.

yourself dich
special besonders
have called together haben zusammengerufen
for für
even harder noch schwieriger
what must be done was getan werden muss
have told haben erzählt
soon bald
elders Stammesälteste
must musst
decision Entscheidung

"We, the elders, know you well, Tara", sagt Ravi. "You and Turien are brother and sister. You **would** never **leave** him **alone** with his fate. We know that. And we **accept** it. And so we **have decided** to **treat** you as one person. You are the older one. You are the **huntress**. You will **carry out** our decision – **even if** it **seems** wrong to you and you don't understand the **reason** why. We know what is **best** for the good of our tribe. You will accept that. You will accept the old laws and tradition. **Do you swear** to do this, Tara, daughter of Kian and Andra and sister of Turien?"

would würdest
leave lassen
alone allein
accept akzeptieren
have decided haben entschieden
treat behandeln
huntress Jägerin
carry out ausführen
even if auch wenn
seems scheint
reason Grund
best am besten
do you swear schwörst du

Er hat mir noch immer nicht erklärt, worum es geht. Er will meine Zustimmung jetzt. Warum nur, frage ich mich. Es besteht doch gar kein Zweifel daran, dass ich eines seiner Worte oder den Entschluss des Thing nicht akzeptieren könnte? Kurz horche ich in mich hinein. Nein, dort gibt es nichts, das ich meinem Stamm abschlagen, und keine Entscheidung des Thing, vor der ich mich fürchten würde. Ravi ist ein gütiger Häuptling. Ich liebe ihn von Herzen. Das Lachen in seinen Bernsteinaugen, seine Liebe zu den Tieren, die unsere Lager teilen, seinen unbeugsamen Willen, seine weise Nachsicht mit unserem Ungestüm. Nein, ich fürchte Ravis Entscheidung, fürchte die Entscheidung

meines Volkes nicht. Ich vertraue ihnen. Mit jeder Faser meiner Seele.
"I swear", sage ich und lege meinen Bogen zum Zeichen des Schwurs an mein Herz.
Ravi nickt. Er hat nichts anderes erwartet. Trotzdem ist dort noch immer eine Spur von Zweifel in seinen vom Feuerschein erleuchteten Augen.
Runa sieht zu mir herüber, hält meinen Blick mit dem ihrigen, als wolle sie mich beschwören, das Richtige zu tun: "**Then** we will call your brother **now**." Sie erhebt ihre Stimme, dünn wie Pergament, klar wie der Ruf der Nachtigall: "Turien!"

then dann
now jetzt

Und in diesem Augenblick geschieht es. Ich wende den Kopf nach links in einer schnellen, fließenden Bewegung. An den Rand unseres Lagers, wo ein kleines Wäldchen beginnt. Warum ich das tue, weiß ich nicht. Es ist, als hätte jemand leise meinen Namen gerufen. Ich habe es nicht mit meinen Ohren gehört. Er war plötzlich da, dieser Ruf. Direkt in meinem Herzen. Ich höre ihn noch immer: "Tara! We need you!"
Dann sehe ich es, lasse meinen Bogen fallen und vergesse alles: die Reifeprüfung, den Thing, unseren Sieg. Keine zwanzig Schritt von uns entfernt tritt Turien hinter einem der Zelte hervor; die Augen verweint, die dunklen Haare zerrauft, Gesicht und Hände voller Blut. Dicht bei ihm steht ein Fohlen. Aufrecht, ruhig, den schlanken Kopf hoch erhoben, Mähne und Schweif glänzend wie Silber. An seiner Flanke klebt Blut, seine

Fesseln sind verletzt. Sein Fell ist weiß wie der Schnee auf den Berggipfeln. Seine Augen leuchten wie Smaragde. Ohne dass es mir jemand erklären muss, verstehe ich: Turien hat ein Elfenpferd gefunden!
“Turien ... Runa! Ravi!”, stöhne ich und breche damit einmal mehr das Redeverbot, doch das ist mir in diesem Moment egal. “**Look over there**! Look what it is!”

look schaut
over there da drüben
have sworn hast geschworen
ask bitten
no matter how egal wie
kill töten

“We know what it is”, sagt Runa, aber ich höre ihr nicht richtig zu. Mein Körper ist wie gelähmt, meine Gedanken überschlagen sich: Wenn es Elfenpferde gibt, dann gibt es auch Elfen! Wenn es Elfen gibt, dann gibt es auch Elfenwälder! Wenn es Elfenwälder gibt, dann gibt es auch den Garten zwischen Licht und Traum!
Ich weiß: Mein Platz ist an der Seite meines Bruders Turien. Und an der Seite dieses Fohlens, das mir vielleicht ein Tor in die Vergangenheit wird öffnen können. Zu Andra, meiner Mutter, und Kian, meinem Vater. Und wenn die Erwachsenen auf dem Thing ...
“Tara, daughter of Kian and Andra and sister of Turien”, bricht Ravis Stimme mein Staunen und Glück und die Fassungslosigkeit in meinem Herzen, “you **have sworn** to do what we **ask** you to do – **no matter how** wrong it seems to you. To accept the old law and tradition, and that we know what is best for the good of our tribe. And this is what we have decided. You must **kill** this foal.”

Mein Herz erstarrt. Ich schüttele den Kopf, als könne ich so die Worte aus meinen Ohren herausschütteln, sie ungehört machen. Ich verstehe noch weniger als zuvor. Ich verstehe gar nichts. “I must do *what?*”

“Kill it”, wiederholt Runa leise. “Now. Tonight.” Ihre Stimme ist kalt wie der klirrende Winter. Die anderen stehen an ihrer Seite, die Gesichter voller Angst, die Münder verkniffen.

Töten? Ich soll dieses Fohlen ... töten?! Ich verstehe nicht, sehe sie fragend an; aber da liegt keine Antwort in ihrem Blick – nur Härte und Entschlossenheit. Der kalte Blick des Jägers.

Ich liebe mein Volk, jeden Einzelnen von ihnen. Sie sind Teil meiner Familie, fast so, wie Turien es ist. Und doch ist da mit einem Mal ein Spalt zwischen uns, der mit jedem Atemzug größer wird. In jedem Gesicht lese ich das gleiche Misstrauen, die gleiche leise Furcht. Keine Freude, kein Staunen über das schöne, silberweiße Tier. Nichts von dem Glück in meinem Herzen. Nur in Ravis Augen lese ich etwas anderes. Bedauern vielleicht. Eine Spur von Trauer. Und von ... Schuld? Runas Augen sind voller Kummer. Es tut mir so leid, sagen sie. Dann senkt sie den Blick.

“Tara?” Es ist Turien, leise, ängstlich. Ich schüttele die Starre aus meinen Gliedern, hole tief Luft. Dann wende ich dem Thing den Rücken zu und gehe zu meinem Bruder und dem fremden Pferd hinüber. Bei jedem Schritt ist mir, als würde hinter mir die Steppe einbrechen.

Dann bin ich bei ihnen. "Shh, Turien", flüstere ich. "Don't cry. I **won't** do it. I will help you. I **promise**." Ob ich mit meinem Bruder oder mit dem Fohlen spreche, dessen bin ich mir nicht sicher. Dass mein Versprechen und mein Schwur vor dem Thing einander widersprechen, ist mir bewusst. Aber ich kann nicht anders.
Mein Blick wandert von Turiens verweintem Gesicht zu den Smaragdaugen des Fohlens. Ich sehe dort, was ich vermutet habe: Es hat mich verstanden. Es versteht die Sprache des Alten Volkes. Und es weiß, dass ich es bin, die ihm den Tod bringen soll.

won't werde nicht
promise
verspreche es
in the olden days
in alten Zeiten

Ich sehe dem Fohlen fest in die Augen. Sie schimmern und gleißen wie ein klarer See am Mittag im Sonnenlicht. Es liegt kein Falsch darin. Nur Offenheit, Stolz, Reinheit und ein Flehen, das mir bis ins Mark dringt: *Tara. We need you.* Diese Worte in meinem Herzen wehen das Blätterdach der Lügen fort. Die Strophen der alten Lieder vergessen? Die Elfen haben sich von uns abgewandt? Es ist besser so? Ich glaube es nicht mehr.
Ich hatte recht.
Runa hat gelogen.
Gelogen!
Aber warum nur, warum?
"Listen, Tara. We promised to tell you a story to help you understand." Ravi ist zu mir getreten. "And we will. **In the olden days**, the people of the steppe and the Ancient

Spirits **rode side by side**. The steppe people **still hold** the elves **in high esteem**: the old law, and all that they **taught** us. But then something happened. And **everything** changed ..."

Ich höre seine Worte und verstehe sie nicht: dass das Steppenvolk einst einen fürchterlichen Frevel begangen haben muss. Niemand weiß heute mehr, worin dieser Frevel bestand, aber selbst von den Ältesten hat niemand mehr einen Elfen von Angesicht zu Angesicht gesehen. Und niemand, der seit hundert Sommern zum Elfenwald aufbrach, kehrte je zurück.

rode ritten
side by side Seite an Seite
still immer noch
hold in high esteem hochachten
taught haben beigebracht
everything alles

Es begann damit, dass eines Tages ein Elfenfohlen in das Lager der Steppenreiter kam. Ein Fohlen wie dieses, verletzt und zerschunden. Wie das Fohlen an Turiens Seite trug es kein Horn, war seine Magie noch nicht erwacht. Es war hilflos und brauchte Schutz. Die besten Krieger zogen an seiner Seite zum Elfenwald, um es zurückzubringen – und kehrten nie wieder. Weitere Abgesandte, die auszogen, die anderen zu suchen, verschwanden gleichfalls spurlos und ihre Pferde mit ihnen und wurden nie wieder gesehen in den Weiten der Steppe. Die Elfen kamen nie mehr an die Feuer des Steppenvolkes.

Damals schon trat der Thing zusammen, um zu beratschlagen, was zu tun sei. Sie fanden keine Antwort. Nur eines verstanden sie: dass die Elfen nicht mehr

gesucht, nicht mehr gefunden werden wollten. Und dass starb, wer ihrem Wunsch zuwiderhandelte. Und so fügte sich mein Volk in sein Schicksal, lehrte seine Kinder die Strophe nicht mehr, die den Weg zu den Elfenwäldern wies, und zerschnitt so das Band, das beide Völker verbunden hatte seit Anbeginn der Zeiten.
Doch dabei blieb es nicht. Vor wohl fünfzig Sommern, als Runa ein kleines Mädchen war, kam ein zweites Elfenfohlen in das Lager des Steppenvolkes. Der Stammesälteste, Ravis Vater, fürchtete sich. Es war Sommer, wie jetzt, aber der Winter war hart gewesen und die hungrigen Wölfe zahlreich. Viele Jäger waren gestorben, und der Älteste fürchtete, dass es sein Volk das Leben kosten würde, wenn er noch mehr Männer und Frauen verlöre. So ignorierte er das Fohlen und sein drängendes Wiehern und scheuchte es fort wie den Boten eines bösen Fluchs. Doch das Fohlen ging nicht. Es streifte durch das Lager, versuchte, einzelne Steppenreiter vor sich herzutreiben in Richtung der Feuerschlucht. Das Steppenvolk kannte die Elfenpferde nicht, es fürchtete sich. Als der Sommer zur Neige ging, war das Fohlen fort. Die Jäger fanden es einige Tage darauf: die Kehle durchschnitten, der ausgemergelte Körper kalt.
Niemand sprach darüber, und obschon das Steppenvolk den Atem anhielt und viele Jahre in Furcht lebte, geschah – nichts. Kein Elfenheer kam, um Rache zu nehmen, und das Steppenvolk überlebte die kommenden Winter, wuchs erneut an Zahl und lebte weiter nach den alten Regeln, als wäre nichts geschehen. "And so the Thing

has decided that – for a reason we do not know – it is the **wish** of the Ancient Spirits and the **destiny** of the steppe-people that we kill this foal. To **keep** us **safe**. To carry us through the winter storms. To **keep** us **alive**. For the good of our tribe. You are the older one, Tara. You are the huntress. You will do what we have decided."

Ich schlucke, kämpfe die Tränen hinunter. Es sind keine Tränen der Liebe, es sind Tränen des Mitleids. Mit dem fremden Fohlen und mit mir selbst, weil ich mit seinem Tod auch meine Hoffnung verlieren, meine Sehnsucht töten werde. Solche Tränen weint ein Jäger nicht. Mitleid trübt den Blick. Deshalb haben wir von klein auf gelernt, es aus unseren Herzen zu verbannen. Langsam hebe ich den Kopf, begegne Ravis Blick und nicke. Was sollte ich sonst tun? Mich widersetzen? Das würde den Ausschluss aus dem Stamm bedeuten. Ohne unser Volk sind wir verloren und überleben den nächsten Winter nicht, Turien und ich. Ohne unser Volk – das ist undenkbar. Allein bei dem Gedanken wird mir kalt.

"Tara", sagt Turien leise, flehentlich, "du hast mir versprochen ..."

"Shh, kleiner Bruder", flüstere ich, "weine nicht."

Und dann schließe ich ihn in meine Arme, halte ihn ganz, ganz fest und schmiege mein Gesicht an die Flanke des Fohlens. Sie ist weich wie Seide.

Meine Welt zerbricht.

wish Wunsch
destiny Schicksal
keep safe Sicherheit gewähren
keep alive am Leben erhalten

Alone in the Dark Woods

Das Moos dämpft unsere Schritte. Wir sind allein. Eine kleine Prozession auf dem Weg zu einem großen Unrecht. Ich bin es, die dieses Unrecht vollstrecken wird. Ich, Tochter von Andra und Kian und Schwester von Turien. Tara vom Volk der Steppenreiter, welches – das fühle ich – einen unendlich großen Fehler begeht. Den ich nicht hinterfragen darf und nicht verhindern kann.

Der Abschied hat sich mir in die Seele gebrannt. Der Thing, der uns begleitete bis zum Rande des Lagers. Runa, die meine Hand nahm und sie stumm an ihre Wange presste, die nass war von Tränen. Ravi, dessen Leuchten in den unbeugsamen Augen erloschen schien. Ich weiß: Da ist etwas, das er mir nicht sagt. Und ich weiß auch: Ich kann ihn nicht danach fragen. Nicht jetzt. Nicht hier. Und eine andere Gelegenheit wird er mir nicht geben.

Merle, Niall, Kestrel und Thale, die mir Stormwind brachten, kurz einen Blick auf das Fohlen warfen, die Augen niederschlugen, zurücktraten in die Reihen der Steppenreiter und sich dem Schiedsspruch des Thing beugten.

Merle allein zögerte für einen Wimpernschlag, schien etwas sagen zu wollen, "Warum?" vielleicht, oder "Nimm mich mit!" Doch die Worte blieben ungesagt; ihr Bruder zog sie mit sich fort, und sie ließ es gesche-

hen. Widerwillig, mit hängenden Schultern, wie ein getretener Hund. Wir blieben allein zurück.
Ich könnte schreien vor Kummer. Könnte heulen vor Wut. Möchte eine große Axt in Händen halten und Feuerholz spalten, bis die Arme vor Erschöpfung wie Feuer brennen. Stattdessen gehe ich einfach weiter – ruhig, mit erhobenem Kopf, einen Schritt nach dem anderen. Ich kenne unser Ziel: den alten Steinkreis, in dessen Rund wir unsere Toten begraben. Ich wünschte, der Weg dorthin würde ewig dauern. Und weiß: Es ist nicht mehr weit.
Nur Turiens leises Schluchzen durchbricht die große Stille des Waldes in dieser sternenklaren Nacht. Er hat sich geweigert, mit mir auf Stormwind zu reiten, und so gehe auch ich, mein Pferd an meiner Seite. Das Fohlen geht neben Turien, ganz ohne Strick. Leise, immer wieder unterbrochen von Klagelauten, die mir das Herz zerreißen, spricht er auf es ein, in der Sprache der Ancient Spirits, als wisse auch er, dass es sie versteht: "Don't be afraid, Albion. I will **save** you. I will **protect** you. She won't do it. I will **find** a **way** ..."

save retten
protect beschützen
find finden
way Weg
here hier

Albion. Es könnte keinen passenderen Namen geben für dieses stolze, dieses einzigartige, dieses wundervolle Tier. Und es könnte nicht schwerer für mich sein, zu tun, was ich zu tun habe.
"**Here** we are", sage ich schließlich schlicht und bleibe stehen, als der Steinkreis im Mondlicht vor uns aufragt.

Mehr zu sagen weiß ich nicht. Ich habe so etwas noch nie getan. Es wird keine Jagd sein in dieser Nacht, das weiß ich. Das Fohlen ... Albion ... wird nicht fortlaufen. Ich werde es nicht jagen können, weil es nicht gejagt werden will. Es wollte gefunden werden. Und genau das hat Turien getan: Er hat es gefunden. Nun weicht es nicht von seiner Seite. Ich kann es doch nicht ermorden, direkt an der Seite meines Bruders!
Kurz halte ich inne, streiche Stormwind über das warme, nachtschwarze Fell und wundere mich über mich selbst. Zu töten ist mir nicht fremd. Ich genieße die Jagd, liebe den Geschmack von frischem Blut und fürchte mich weder, ein Leben zu nehmen, noch erscheint es mir falsch. Aber das, was ich jetzt tun soll, ist etwas anderes. Ich soll ein Tier töten, das niemandem ein Leid getan hat, das mein Volk nicht ernährt – und das kein gewöhnliches Tier ist, sondern ein Einhornfohlen. Das einen Namen hat. Das mich verstehen, das zu mir sprechen kann. Aus seinem Geist, direkt zu meinem Herzen.

little klein
by bei

Hoch über unseren Köpfen ruft ein Käuzchen. Langsam wende ich mich zu dem Fohlen um.
"Run, **little** foal", flüstere ich, wiederhole es, immer und immer lauter, bis die Verzweiflung kommt und ihre Schwester, den Zorn, mit sich bringt und mich schreien lässt: "**By** the Ancient Spirits, run for your life!"
Turien weint, seine Augen ein Wasserfall heller Tränen. Sein Mund bewegt sich, doch ich schreie so laut, dass

ich seine Worte nicht verstehe. Stormwind wird zusehends unruhig, schlägt schließlich aus, prescht davon. Albion aber rührt sich nicht, zuckt nur leicht mit den Ohren und sieht mich an. Tritt dann zwei Schritt vor und stupst mich mit den Nüstern fort von der Lichtung. Er will mich in eine ganz bestimmte Richtung drängen, dorthin, wo die Feuerschlucht liegt.
"No", sage ich laut und schüttele den Kopf, und noch einmal: "No, I will not go there!" Ich stoße das Fohlen fort, ziehe einen Pfeil aus meinem Köcher, lege an. Dass das lächerlich ist, weiß ich selbst. Ich müsste den Speer nehmen, das Jagdmesser vielleicht. Das Fohlen mit dem Fangnetz bewegungsunfähig machen. Dann könnte ich es sogar mit dem Bogen töten, wenn ich selbst weit genug fortgehe. Mit einem Pfeil aber kann ich Albion auf einen Meter Entfernung nicht töten. Ich habe ihn nur herausgezogen, um mir selbst Mut zuzusprechen. Mir zu beweisen, dass es mir ernst ist. Dass ich es tun werde. Dass ich es kann.
Keinen Wimpernschlag später steht Turien zwischen mir und dem Fohlen. Sein Gesicht ist meinem ganz nah, der gespannte Pfeil zeigt auf sein Auge, in dem das satte, moosfarbene Grün vom vielen Weinen die Farbe junger Stachelbeeren angenommen hat.
Ich verstumme, und jetzt höre ich, was er sagt, leise und bestimmt: "You will have to kill me **first**, sister."

first zuerst

Ich spanne den Bogen weiter, bis zum Anschlag. Dann reiße ich ihn nach oben, kneife die Augen zusammen, ziele – und lasse den Pfeil in den Nachthimmel fliegen. In einem hohen Bogen schießt er davon – und kurz darauf fällt das Käuzchen tot zu Boden. Ich gehe hin, hebe es auf, wende mich ab und beginne wortlos, Feuerholz zu suchen. Essen, denke ich und lächle, weil ich an Merle denken muss, die oft sagt: Essen ist immer eine gute Idee. Auch Runa würde unsere Wahl zu schätzen wissen. Eulenfleisch ist gutes Fleisch. Es gibt dem Jäger Kraft und dem Heiler einen scharfen Geist. Beides brauchen wir, gerade jetzt.

Es dauert nicht lange, dann kehrt Stormwind zurück und auch Turien ist an meiner Seite. Nimmt mir das erste Reisigbündel ab, bereitet eine Feuerstelle vor. Ich muss lächeln, weil alles so vertraut ist. Zwei Menschen, die Holz sammeln, ein Nachtlager vorbereiten. Bruder und Schwester. Und das Scharren von Pferdehufen. Wir gönnen uns beide, uns allen vieren diese Ruhe im Auge des Sturms. Braten den Vogel, garen ein paar Wurzeln dazu, die Turien selbst in der Dunkelheit wie im Schlaf finden kann. Eine seiner vielen Gaben, für die ich ihn bewundere, meinen kleinen Bruder mit dem großen Herzen.

Sleep on it. Schlaf darüber.

Erst nach dem letzten Bissen, als wir stumm am Feuer eng beieinander sitzen, Stormwind und Albion dicht neben uns, bricht Turien das Schweigen: "What do we do now, sister?"
Ich zucke die Schultern: "**Sleep on it.**" Und dann stehe

ich auf, schlinge Albion, der zufrieden an Stormwinds Seite grast, ein Seil um den Hals und binde ihn an einem Baumstamm fest.
Dass das überflüssig ist, weiß ich. Aber es gibt mir das Gefühl, etwas getan zu haben, das zumindest entfernt meiner Aufgabe gerecht wird.
Turien sieht mich erstaunt an, widerspricht aber nicht. Er nimmt eine meiner Decken aus Stormwinds Satteltasche, geht zu Albion hinüber, spricht sanft zu ihm: "Sleep well, my friend. I will **look after** you. And so will Tara, I'm **sure** of it. She is my sister – a huntress with a heart of gold. She always keeps her word. I'm so glad that she gave the three of us **a little more** time. We will find a way, my friend. Dear Albion, don't worry. You are safe."
Dankbar sieht er zu mir herüber, und ich nicke traurig. Seine Anerkennung ehrt mich, aber werden wir wirklich eine Lösung finden? Es gibt ja nur eine Lösung. Albions Tod.
Turien aber hat beschlossen, diese Tatsache für den Moment zu ignorieren, und weil ich weiß, dass es ihn glücklich macht, lasse ich ihm seine Illusion, während er sich in einer Kuhle nahe des Feuers einrollt.

look after auf … aufpassen
sure sicher
a little ein wenig
more mehr

"Schlaf gut, kleiner Bruder, ich werde über dich wachen", flüstere ich, und meine Stimme ist voller Zärtlichkeit.
Er lächelt mir zu, dann ist er eingeschlafen.

Dass auch ich während des Wachehaltens eingeschlafen bin, merke ich erst, als ein lautes Wiehern mich emporschnellen lässt. Es ist Albion, und er scheint außer sich vor Furcht. Stormwind steht dicht an meiner Seite, die Flanken zitternd, die Nüstern weit gebläht, mit den Hufen das Erdreich aufwirbelnd, dass Moos und Erde mich schon halb bedecken. Als wolle er mich schützen. Mein Blick fliegt zu der Mulde, zu Turien: Er ist fort!

Mein Herz galoppiert, all meine Sinne suchen nach ihm, während ich mich schnell und lautlos in den Schatten jenseits des nur noch schwach glimmenden Feuers zurückziehe. Für Vorwürfe an mich selbst bleibt keine Zeit. Wenn Turien noch lebt, muss ich ihn finden. Im Geiste fliegen die Tiere der Steppe an mir vorüber. Welches von ihnen könnte so leise sein, derart schnell zuschlagen, dass die Pferde es erst spät und ich es zu spät wahrnehme? Welches Tier ist so leise, geruchsarm und schnell? Und welches Tier hat binnen kürzester Zeit dafür gesorgt, dass Turien nicht schreien konnte? Mir fällt nur eines ein, während ich durch die Dunkelheit husche, Spuren suche, hin zu dem Lager, das noch warm ist von Turiens Körper: eine Waldspinne. Ein Tier, das es hier eigentlich gar nicht geben dürfte. Die kleinen Wäldchen der Steppe bieten den riesigen Spinnen nicht genügend Nahrung. Sie leben weit fort von uns. Ich habe noch nie eine Waldspinne gesehen, aber die alten Lieder berichten von ihnen:

As big as a tree and as black as the night,
So **silent** they fall, so fast they do bite.
You will not **be able to shout** or feel **fear**,
And **none** of your people will see or will hear
of you **again**.

Die Tiere sind noch immer unruhig, das Lauschen fällt schwer. Mit einem kurzen Schnalzlaut beruhige ich Stormwind und husche dann zu Albion hinüber, zögere kurz und lege ihm sacht die Hand auf die bebenden Nüstern – widerwillig und sehnsuchtsvoll zugleich. Ich weiß, dass ich es nicht tun sollte, weiß, dass jede Vertrautheit mit dem Fohlen mich weiter forttreibt von meinem Volk. Aber Turien ist in Gefahr, und das allein zählt.

"**Calm down**", wispere ich, "please. I'll bring him back."

Das Fohlen sieht mich an, wird ruhiger, steht still. Dann wendet es den Kopf gen Osten, zerrt an dem Strick: *Mach mich los. Ich begleite dich.*

silent geräuschlos
be able to können
shout schreien
fear Angst
none keiner
again wieder
Calm down. Beruhige dich.

"Did they go this way?", flüstere ich, und Albion neigt sein Silberhaupt, bläht die Nüstern, nimmt Witterung auf und weist mir erneut den Weg gen Osten.

"Thank you ... Albion." Ich gebe Stormwind ein Zeichen, dass er auf mich warten soll, und husche davon. Dass dies Albion gegenüber nicht nur ungerecht, sondern auch gefährlich für ihn ist, nehme ich

sehenden Auges und schweren Herzens in Kauf. Wenn ich einmal beginne, das Fohlen wie einen Gefährten zu behandeln, ist Turiens und mein Leben verwirkt.
Schneller, immer schneller gleite ich durch die Nacht, kaum dass meine Füße noch den Boden berühren. Und dann rieche ich es – alten Kot, verrottete Knochen, Tod. Vor mir schält sich der Eingang zu einer Höhle aus der Dunkelheit. Ich habe mein Ziel erreicht. Den Speer fest umschlungen, das Jagdmesser zwischen die Zähne geklemmt, schleiche ich näher, als sich plötzlich ein gigantischer Schatten vor den Mond und die Sterne schiebt. Ich hatte recht: Es ist eine Waldspinne. Aber darauf, wie gewaltig und groß sie ist, bin ich nicht vorbereitet. Ich weiche zurück. Bin schnell wie der Nachtwind über der Steppe – aber sie ist schneller. Ihre armdicken Beine schließen mich ein wie ein Käfig, sind überall, lassen mich nicht entkommen. Ihr dicht behaarter Leib schwebt über mir, senkt sich herab. Ich reiße den Speer nach oben, aber sie küsst ihn mit einem lässigen Schürzen ihrer zangenbewehrten Lippen, reißt ihn mir aus den Händen und trägt ihn empor. Das Messer erscheint mir mit einem Mal klein wie ein Zahnstocher in meinen Händen. Aus ihrem Unterleib löst sich eine weiße Wattewolke, sinkt auf mich nieder, langsam, tanzend. Zu schnell für mich.
"Turieeeen!", schreie ich.
Und dann: das Nichts.

The **Birth** of a Unicorn

Ich spüre nichts, höre nichts. Bin umgeben von weißem, warmem, pappigem Schnee, der mir den Atem raubt, mich müde macht, mich kaum noch etwas wahrnehmen lässt. Noch kann ich mich bewegen, träge nur, mit großer Willensanstrengung. Aber mein Stern erlischt, ich fühle es. Doch genau das kann, das darf nicht sein. Mit aller Macht rufe ich mir die Strophe jenes Liedes ins Gedächtnis, das mir unter den Elfenliedern das Kostbarste ist und das Merle Runa jüngst auf dem Thing hat in fremden Zungen sprechen hören – in einer nahen und doch so fernen Zeit:

Heir of myth and heir of sorrow.
Always believe in a brighter tomorrow.
Where myth meets faith,
where strength meets silence,
they will change the world.

birth Geburt

Kann es so enden? Darf es so enden? Und mit der letzten Kraft, die mir noch bleibt, rufe ich in meinem Herzen zwei Namen, die Namen der Einzigen, die uns jetzt noch helfen können: *Stormwind! Albion! We need you. Now.*

Keinen Wimpernschlag später streift ein Luftzug mein Gesicht. Wie eine Ertrinkende ringe ich nach Atem, schlinge die kühle Nachtluft tief in meine Lungen, wo sie schmerzt und reißt und mir fast erneut die Sinne

raubt. Obwohl mein Geist noch immer um Klarheit ringt, vollbringt mein Körper Höchstleistungen: greift nach dem Jagdmesser, zerschneidet das Spinnennetz, rollt sich ab, wirft sich zur Seite, greift nach dem Speer, der plötzlich und unerwartet wie aus dem Himmel auf mich herabfällt, fängt ihn auf, weicht aus, zurück, auf einen Baum am Rande der Lichtung zu; zieht das Elfennetz meiner Mutter aus dem Gürtel; springt zu den hohen Ästen hinauf, klettert, gewinnt an Höhe.
Unter mir sind Stormwind und Albion, umtänzeln die riesenhafte Spinne. Ich erkenne es schnell: Allein haben sie keine Chance. Auch sie werden unterliegen.
Schneller, Tara, schneller!
Die Augen zu schmalen Schlitzen verengt, ziele ich, hole aus, werfe und greife nach meinem Speer. Doch noch ehe das Netz sein Ziel erreicht und der Speer fliegt, wird es mit einem Mal taghell auf der Lichtung unter mir. Ich blinzele, bedecke instinktiv die Augen, spähe zugleich durch meine Finger, auch wenn das gleißende Licht mich schmerzt.
Dann sehe ich es: Es ist Albion, der strahlt, hoch auf den Hinterbeinen aufgerichtet, die Vorderläufe in der Luft, als dirigiere er eine Melodie, die nur er hören kann. Das Licht verdichtet sich an seiner Stirn, wird heller, immer heller. So hell, dass ich kurz die Augen schließen muss.
Als ich sie wieder öffne, hat sich das Bild unter mir verändert. Die Waldspinne überragt die beiden Pferde noch immer um gut vier Mannslängen, aber sie wirkt

schwach gegen Albion, der, noch immer in silbernes Gleißen gehüllt, vor ihr steht. Mit hoch erhobenem Kopf tänzelt er auf sie zu, und Schritt um Schritt weichen die acht haarigen Säulen ihrer Beine zurück. Auf Albions Stirn glänzt ein Horn, gedrechselt wie ein Wanderstab, perlmuttfarben wie Silbermuscheln, golden wie das Mondlicht.

And when they **reach** their **destination**
or when there is an **inner need**,
unicorn foals will **grow** and shine,
their horn **emerges**, **does not bleed**.

reach erreichen
destination Reiseziel
inner innere
need Not
grow wachsen
emerges kommt hervor
does not bleed blutet nicht

Und genauso ist es: Albions Magie ist erwacht. Unter mir steht nicht länger ein Fohlen. Dort steht ein Einhorn. Ein richtiges Einhorn. Das erste Einhorn meines Lebens. Und es ist wunderwunderwunderschön.
Aber ich darf mich nicht in diesem Anblick verlieren, darf nicht tatenlos bleiben, mit offenem Mund, Tränen in den Augen und mit dem breitesten Lächeln im Gesicht vor Glück. Turien ist in Gefahr.
Die Jägerin erwacht erneut in mir; schnell lasse ich meine Augen über die Lichtung schweifen: Das Netz hat getroffen, behindert die Spinne bei ihrem Rückzug, lässt sie taumeln, fallen. Nun muss der Speer in meiner Hand seinen Weg finden. Genau in ihr Herz. Einmal mehr ziele ich, hole aus. *Come on, Tara! Aim*

for the heart!, höre ich Merles Stimme in meiner Erinnerung. Werfe. Und in dem Augenblick, in dem mein Speer fliegt, springt Albion vor, weicht meinem Wurf aus und setzt dann nach. Speer und Horn treffen einander und bringen der Spinne den Tod.

Mir bleibt keine Zeit zum Jubeln. Eichhörnchenflink klettere ich den Baum hinab und stürme, das Messer in der Hand, in die Höhle.

so much so sehr
close to me in meiner Nähe
somewhere irgendwo

Dort ist es dunkel, zu dunkel selbst für mich. Doch als Albion mir folgt, ist es der Schimmer seines Horns, der dem Schrecken im Inneren der Höhle Gestalt gibt. "Thank you **so much**, Albion", keuche ich. "Please stay **close to me**, will you? We have to find Turien! He must be here **somewhere**. Help me!"

Albion schnaubt, schlägt zielstrebig eine Richtung ein, weiter hinein ins Höhleninnere. Tatsächlich: Dort, über abgenagten Knochen und verwesten Überresten, über Kot und Schmutz, hängt ein riesiges Netz und darin drei blütenweiße Kokons wie Puppen in einem Regal. Zwei von ihnen sind groß genug, mein Bruder sein zu können, und allein bei dem Gedanken überkommt mich Übelkeit. Ich stürme vor, klettere an den klebrigen, tauartigen Seilen empor und schneide vorsichtig den ersten Kokon auf. Zum Vorschein kommen dichtes, braunes Fell und eine schwarze Nase. Sie ist noch feucht. Es ist ein junger Steppenbär, und er ist tot.

Nicht denken, Tara. Weiter!
Der zweite Kokon ... Vorsichtig ritze ich das Gewebe auf: ein Arm! Sein Arm. Ich fühle den Puls: Nichts! Will schreien und mich in die Tiefe fallen lassen, doch dann spüre ich es, ganz leise und schwach: poch-poch-poch. Das schönste Geschenk auf der ganzen Welt! In fieberhafter Eile schäle ich den Rest frei: Schultern, Hals, das Gesicht mit den hohen Wangenknochen und den dunklen Möwenflügelaugenbrauen, das dem meinen so gleicht.
"He's **breathing**!", schreie ich zu Albion hinunter. "He's alive! Oh, praise the Ancient Spirits, he's alive!"
"Oh, Turien", flüstere ich, "Turien, Turien, Turien. Mach die Augen auf, kleiner Bruder. Du bist in Sicherheit. Nie, nie mehr werde ich dich alleinlassen. Verzeih mir! Bei den Liedern der Elfen, du hättest tot sein können!" Und jetzt erlaube ich den Tränen zu fließen, klammere mich an ihn und schluchze haltlos in die klebrige weiße Masse, die noch immer Teile seiner Schultern umgibt. Von unten ertönt ein zweistimmiges Wiehern. Albion und Stormwind, Seite an Seite.

is breathing atmet

"Du wirst ihn nicht töten, oder? Versprich es", flüstert Turien in mein Haar, schwach, ein Hauch nur.
"Nein, mein Bruder, ich werde es nicht tun", wispere ich zurück. "Er hat dein Leben gerettet."

Pixie's **Pride**

Endlich stehen wir zwischen unseren Pferden, Turien an Albions, ich an Stormwinds Seite, halten einander eng umschlungen und blicken noch einmal hinauf zu den Überresten des Netzes, das Turiens Tod hätte sein können.

"I'm so glad. Thank you so much. I'm so proud of you. You are so beautiful, Albion", flüstert Turien immer wieder in das Fell des Einhorns, und bei jedem seiner Worte scheint Albions Horn leicht zu pulsieren, als wolle er sagen: Thank you. I am glad to hear this.

Das Gesicht noch immer abwechselnd in Albions Fell vergraben oder staunend im silbernen Schimmer des Horns gebadet, erblüht schließlich ein breites Grinsen auf Turiens Gesicht. "Weißt du was, Schwesterherz? Ich sterbe vor Hunger!" Und da weiß ich: Ich habe meinen Bruder wirklich wieder.

Und so klettere ich erneut das Netz empor und schneide das tote Bärenjunge los. Mit einem lauten Klatschen fällt es zu Boden. Es wird uns als Morgenmahl dienen und uns sicherlich noch ein paar weitere Tage die Mägen füllen.

pride Stolz

Den Gedanken an das Danach schiebe ich energisch beiseite. Ich werde später darüber nachdenken, was geschehen soll. Jetzt bin ich viel zu glücklich. Ich will dieses Gefühl des Glücks noch ein wenig auskosten. Die dunklen Wolken einer ungewissen Zukunft wer-

den früh genug über uns hereinbrechen und uns mit sich reißen.
Gerade will ich wieder hinunterklettern, da ruft Turien mir zu: "Was ist mit dem Kokon dort über dir? Der kleine da drüben? Willst du nicht nachsehen, ob etwas Lebendiges darin steckt?"
Ich klettere noch etwas weiter das eklige Netz empor, schneide vorsichtig den Kokon auf und sehe hinein. Was ich finde, macht mich einmal mehr sprachlos.
In dem Kokon ist ein kleiner Mann. Etwa so groß wie mein Unterarm, mit einem runzeligen Gesicht und großen Ohren mit kleinen, gebogenen Spitzen daran. Seine Haut ist dunkel, wie von der Sommersonne gebräunt, die dünnen Glieder stecken in bunten Lederkleidern mit unzähligen aufgenähten Taschen, aus denen zwei große Hände und bloße, schmutzstarrende Füße hervorschauen. Die Nase ist klein und spitz, der Mund groß. Langsam, wie aus tiefem Schlaf erwacht, öffnet er die handtellergroßen, butterblumengelben Augen und sieht mich unverwandt an. Ein Kobold!
Ich habe noch nie einen gesehen, aber mein Volk kennt genügend Geschichten und Lieder über die kleinen Plagegeister.

Small as a rabbit.
Ten fingers on it.

Dark the face, big the eyes:
it's a **disaster in disguise**.

disaster
Katastrophe
in disguise
verkleidet

Be **kind** to them, but do not get **too close**.
They will not give you kind words or a rose.

They **weave** the destiny of our world,
in their small hands our **future** is **curled**.
They never can **choose** what they want to be,
until they decide to die and be free.
These are the **gnomes** – you'll **sense** when they're **near**.
Think of these words – and then **disappear**!

Ja, ich bin mir meiner Sache sicher. Missmutig schiebt er die Brauen in die faltige Stirn, mustert mich von oben bis unten, spuckt dann mit einem resignierten Schnauben den Rest des klebrigen Netzes aus und mir direkt ins Gesicht.

Was auch immer ich als Dank für seine Rettung erwartet habe: Angespuckt zu werden war es sicherlich nicht. Die Fronten sind geklärt – Freunde werden wir nicht. Jetzt verzieht er den Mund zu einem spöttisch gequälten Lächeln. "It was **about time**. You **could have been a bit** faster", knarzt er mit seltsam dunkler Kinderstimme und wedelt dabei lässig mit der Rechten. Der Rest des Kokons fällt von ihm ab, und einen Augenblick später

kind lieb
too zu
close nah
weave weben
future Zukunft
curled zusammengerollt
choose wählen
until bis
gnomes Gnome
sense spüren
near nah
disappear verschwindet
about time höchste Zeit
could have been hättest sein können
a bit ein bisschen

ist er schon auf meine Schulter geklettert. "Down we go!", ruft er gebieterisch und nutzt meine Haare als Zügel. Ich bin derart fassungslos, dass ich tatsächlich gehorche und, den Kobold im Nacken, den Abstieg antrete.

Im Gegensatz zu mir, die ich den Kobold am liebsten hocherhobenen Kopfes ignorieren würde, bestürmt Turien ihn mit Fragen: "Who are you? Where do you come from? What are you doing here? How did the spider catch you? And when? Was it winter? Autumn, summer? Spring? Where is your tribe? Are you a gnome? Can you do magic? Why didn't magic help you to **escape** the spider? What will you do now? Can we help you with something? Are you thirsty? Would you like to **share** our **meal** with us? Do **creatures like** you drink and eat **at all**?" Und so weiter und so fort. Ich muss lächeln, als ich sehe, wie die Ernsthaftigkeit, die meinen kleinen Bruder seit unserem Aufbruch umfangen hält, nun von ihm abfällt und wieder der neugierige Junge hervorkommt, der alles verstehen, alles wissen – und allen helfen will.

escape entkommen
share teilen
meal Mahlzeit
creatures Geschöpfe
like wie
at all überhaupt

Dass er den Kobold an unser Lager eingeladen hat, gefällt mir nicht, aber ich lasse ihn gewähren. Vielleicht ist es nur mein gekränkter Stolz, der den Kobold weit fort wünscht, und Gastfreundschaft ist ein hohes Gut unter den Steppenreitern. Wir kehren zurück zu unserem Lager. Während ich dann den Bären ausnehme, lausche ich den einsilbigen Antworten des Kobolds.

"**It depends**", schnarrt er, sieht meinen Bruder lange und aufmerksam an, schaut dann zu Albion, dann wieder zu mir, denkt nach. Angestrengt, als versuche er mit aller Macht, sich zu konzentrieren. Dann erst spricht er weiter, abgehackt fast, gehetzt: "First, I don't like the word gnome. You can **call** me Pixie, that's better. What was I doing here? I'm not telling you, that will be better, little children. Where my tribe lives? I have none; or perhaps I do ... that **also** depends. But you can be sure we'll stay together now until this story ends. Why did I come here? Because I **had to** – or I wanted to. I **made** my **choice**. You'll not get that, little humans, no you won't. Pixie never answers questions if you do not ask in the right **way**. But if you do, you can be sure that he will be at your side. **As long as** he can, for as long as he wants."

It depends. Es kommt darauf an.
call nennen
also auch
had to musste
made habe getroffen
choice Wahl
way Weise
as long as solange
as for was ... betrifft
whether ob
whenever wann immer

Ich habe nichts von all dem Gerede richtig verstanden, außer dass der Kobold offenbar Pixie heißt. Nun hält er inne, wird ruhiger, grinst: "And **as for** the question of **whether** we eat and drink, boy: yes, we do. **Whenever** we like. And whenever we can. As much as we want. So

I will stay here. Yes, why not share your meal with me – one **half** for me, the other half for the two of you."

Von der Sonne gewärmt und wohlig satt sitzen wir schließlich am späten Nachmittag um das herunterbrennende Feuer, Turien und ich.
Albion ist immer wieder zu uns gekommen, er war unruhig und wollte aufbrechen, hat versucht, uns vom Feuer wegzuschieben, aber wir sind zu erschöpft und haben diese Pause, das Essen, etwas Schlaf und die Sonne unbedingt gebraucht. Schließlich hat er aufgegeben, zumindest vorläufig. Immer wieder wandert mein Blick zu Einhorn und Steppenpferd hinüber und ich muss lächeln vor Glück.
In den letzten Stunden habe ich so vieles erfahren und gesehen, das ich nie für möglich gehalten hätte. Alles könnte perfekt sein, wenn – ja, wenn ich nicht eine Ausgestoßene meines Volkes wäre und ein Kobold namens Pixie mein Lager teilen und mich auf Schritt und Tritt verfolgen würde. Kobolde nämlich, das weiß ich jetzt, sind nicht nur die grantigsten Geschöpfe der weiten Steppe, sie sind auch Prahlhänse aus Leidenschaft.
Unser Kobold etwa erzählt gerade die ich-weiß-nicht-wievielte Geschichte von sich und seinem Großvater Flabbergast. Stumm frage ich mich, wie lange der Kobold wohl bei uns bleiben will. Und wie ich ihn wieder loswerden könnte, falls die Antwort lautet: sehr lange.

half Hälfte

Als hätte er meine Gedanken gelesen, scheint Pixie in diesem Augenblick kurzzeitig die Lust am Reden verloren zu haben. Nachdenklich, ungewohnt ruhig plötzlich, wandert der Blick seiner Butterblumenaugen einmal mehr von Turien zu mir, zu Albion und wieder zurück: "As we can all see, a unicorn **has chosen** you as his **companion**. So tell me, boy: how did that happen? **As far as I know** unicorns **only** choose elves as companions. Not a **greenhorn** like you."

"Greenhorn? **How dare you!**", schnaube ich und funkele Pixie zornig an. Aber Turien hebt beschwichtigend die Hand und zwinkert mir zu, als wollte er sagen: So ist er eben, der alte Grantler.

Dann wandert sein Blick zu Albion, wie so oft an diesem Tag, und kurz legt sich ein Hauch von Kummer über sein schmales Gesicht. "I found him, at the **fire canyon**. It's **about** two hours' **ride** to the north. Maybe you know it. There is a very beautiful **waterfall** and you can find **some herbs** there which only grow in one or two places on the steppe. I'm a **healer**, you see."

Pixie nickt. "I know a healer. Of course I do. You **probably** will be a healer in the future. But if you **really** are

has chosen hat gewählt
companion Begleiter
as far as I know soweit ich weiß
only nur
greenhorn Anfänger
How dare you! Wie kannst du es wagen!
fire canyon Feuerschlucht
about ungefähr
ride Ritt
waterfall Wasserfall
some einige
herbs Kräuter
healer Heiler
probably wahrscheinlich
really tatsächlich

one, why **didn't you heal** the unicorn **straight away** when you found him?"

Ich will schon aufbrausen, aber Turien fährt einfach fort:

"He ... Albion was doing something very **strange**, for a horse. He **was trying** to climb up the waterfall."

"He was doing what?", platze ich heraus. Ich kenne den Wasserfall an der Feuerschlucht gut. Selbst ich könnte ihn nur mit großer Mühe erklimmen. Die Felsen sind steil und glitschig und bieten kaum Halt.

Wie ein Pferd – ein Einhornfohlen – diesen Aufstieg bewältigen sollte, ist mir ein Rätsel.

Und was es dort oben zu suchen hat, erst recht.

"**Well**, he **didn't manage** it. He **tried again and again**, but he **fell** and **hurt himself**. When he **saw** me, he **didn't run away**. He **came** closer. And **suddenly** I **knew** that he wanted me to help him. I **couldn't** say no. Not only because I**'ve** never **seen** a more beautiful creature, but because the minute I saw him I **guessed** what he really was. I tried to climb up the waterfall, but I could**n't** do it **either**. So I decided to

didn't you heal hast du nicht geheilt
straight away sofort
strange seltsam
was trying versuchte
well also
didn't manage hat nicht geschafft
tried hat es versucht
again and again immer wieder
fell ist gefallen
hurt himself hat sich verletzt
saw gesehen hat
didn't run away ist nicht weggelaufen
came kam
suddenly plötzlich
knew wusste
couldn't konnte nicht
have seen habe gesehen
guessed habe erraten
not either auch nicht

go back, to take Albion with me and ask my people for **help**. And then ..."

Er sieht mich traurig an, aber ich schüttele den Kopf: "It's **all right**, Turien. I know **exactly** what you **mean**. I **would have done the same**."

In seinen Augen steht Dankbarkeit, und jetzt bin ich es, die ihm aufmunternd zuzwinkert. Er muss sich nicht bedanken. Mit Albion hat er mir nicht nur, ohne es zu wollen, eine schreckliche Bürde auferlegt. Er hat mir auch das schönste Geschenk meines Lebens gemacht: Hoffnung. Hoffnung, die Elfenwälder zu finden. Den Garten zwischen Licht und Traum. Und gemeinsam werden wir eine Lösung finden, mein Bruder und ich.

"That's why there was **blood** on him when I **first** saw him", sage ich leise wie zu mir selbst, und Turien nickt.

Pixie kratzt sich ausgiebig den roten Haarschopf und verschlingt beiläufig das wohl zehnte große Stück Bärenfleisch. Sein kleiner, flacher Bauch wächst dennoch nicht, obwohl ich sicher bin, dass der Kobold mittlerweile mindestens das Sechsfache seines eigenen Körpergewichts in sich hineingefressen hat. "And what exactly did he want **up there** at the waterfall, the young unicorn? Did you see that? **Did you take a look?**"

"Well ... yes, I think I know. He was looking for a flower.

help Hilfe
all right in Ordnung
exactly genau
mean meinst
would have done hätte gemacht
the same dasselbe
blood Blut
first das erste Mal
up there da oben
Did you take a look? Hast du es dir angesehen?

At least, that's how it seemed. I mean ... how can I be sure? But there is a beautiful flower growing up there in the fire canyon, behind the waterfall. I've **never** seen a flower like that **before**. **Some of** its **leaves shone** in the brightest colours of the rainbow and others sparkled like the stars. But I couldn't reach it."

Unverwandt starrt Pixie uns aus seinen Butterblumenaugen an und wiegt den Kopf, der im Vergleich zu seinem dürren Körper riesenhaft wirkt. "Well then", sagt er dann, "why didn't you go back there and look for it? It **sounds** to me **as if** young Albion **had** found an **elf-fireflower**."

"Found what?" Ich habe noch nie von einer solchen Blume gehört, und ein kurzer Blick zu Turien bestätigt mir, dass es ihm ebenso geht.

"Oh, you humans ... you are always so slow! Listen to me", holt der Kobold aus, und ich ahne bereits, dass nun wieder eine seiner Heldengeschichten folgen wird, die ich bereits in den wenigen vergangenen Stunden ebenso hassen gelernt habe wie seine abwertenden Bezeichnungen für uns "humans". Weil er maßlos übertreibt mit seinen Geschichten, da bin ich sicher. Ich behalte recht.

never before noch nie
some of manche
leaves Blätter
shone glänzten
sounds klingt
as if als ob
had hatte
elf-fireflower Elfenfeuerblume
favourites Lieblingen

"My grandfather Flabbergast was one of the elf-queen's **favourites**. Her name was Lekastes. A beautiful elf-woman with long, silver hair ..." Fast gerät er ins

Schwärmen, was sonderbar wirkt bei diesem kleinen, verhutzelten Gnom mit der schrillen Stimme, die in den Ohren klirrt, wenn er meckernd lacht. Dann aber findet er wieder zu seiner alten Überheblichkeit zurück: "**Anyway**, Lekastes and my grandfather **went** for long walks together. Whenever they did, my grandfather **turned himself into** an elf – using pixie magic, of course. Or he **transformed** her into a pixie."

Er kichert leise, dann immer lauter, er gackert, kreischt. Ich will mir die Ohren zuhalten, aber ich kann mich mit einem Mal nicht mehr rühren. Der Kobold bemerkt es, zwinkert mir zu und strahlt über das ganze knautschige Greisengesicht, als er sieht, wie mir die Wut in die Augen schießt. Wie kann er es wagen, mich mit einem Zauber zu belegen?

Seelenruhig fährt er fort: "She was the most beautiful pixie-woman I'd ever seen. **In fact**, she was the **only** one I've seen in my whole life. Because with pixies it is the same as with unicorns: there are no **females**. One day ..."

Es folgt eine lange Geschichte, die im Wesentlichen davon handelt, dass Pixies Großvater sich in die Elfenkönigin verliebt. Sie aber lehnt seinen Antrag ab, mit der Begründung, dass sie nur jemanden zum Seelengefährten nehmen könne, der ihr ebenbürtig sei. Flabbergast nimmt es mit Humor. Woran sich denn

anyway jedenfalls
went gingen
turned himself into verwandelte sich in
transformed verwandelte
in fact genau genommen
only einzige
females hier: weiblichen Wesen

messe, wer ihr ebenbürtig sei? An Schönheit könne er es sicherlich nicht mit ihr aufnehmen, an Größe nur mithilfe von Magie. Aber an Witz, Klugheit und Geschick schlage er sie um Längen. Jetzt fühlt die Elfenkönigin sich herausgefordert und sagt, dass er ihr niemals das Herz ihres Königreiches stehlen könne. Dieses Herz sei eine wundervolle Blume und sie ruhe in der Mitte des Sees in ihrem Palastgarten. Natürlich gelingt es Flabbergast letztendlich doch, diese Blume zu stehlen, und natürlich wäre es ihm nie ohne Pixies Hilfe gelungen.

Und dann schickt er Pixie mit der Blume fort. Der geht auch artig, schenkt die Blume einer freundlichen Bergziege und ist hochzufrieden mit sich. "I would have loved to see her face the next morning. But one day, when they **marry**, I'll be there. Of course I'll be there. I'll be the **most important guest**, because I helped them come together. Of course I did."

marry heiraten
most important wichtigster
guest Gast

Ich höre ihm nicht richtig zu, will ihn schon seit Anbeginn seiner Geschichte unterbrechen, um eine Frage zu stellen. Doch es gelingt mir nicht. Meine Zunge ist schwer und unbeweglich, wie mit Leim beschmiert. Erst jetzt, da der Kobold geendet hat, sich genüsslich zurücklehnt und sich, zufrieden mit sich selbst, über den Bauch streicht, löst sich die Starre.

"You, you ...", platze ich heraus, doch dann besinne ich mich eines Besseren. Meine Frage ist wichtiger als meine

Wut: "Then you know the way to the elf wood?" Ich halte die Luft an. Könnte es so einfach sein? Das Ziel meiner Träume zum Greifen nah?

"Of course I do." Jetzt wirkt er ernsthaft erstaunt. "And you? Don't you know the way? Oh, of course you don't. Only **the chosen ones** know."

the chosen ones die Auserwählten
show zeigen

Meine Wut ist wie fortgeblasen und das Gerede von den "chosen ones" perlt an mir ab, erreicht mich nicht. Nur mit Mühe ringe ich den Impuls nieder, sofort und auf der Stelle aufzustehen, aufzubrechen; zu den Elfenwäldern! Wenn es wahr ist, wenn dieser unerträgliche Gnom uns wirklich den Weg weisen kann, dann wären alle meine Probleme nichtig, würden meine Sorgen sich auflösen wie der Morgennebel über den Wassern im Spätherbst. Wir könnten zu den Elfen gehen, Turien, Stormwind, Albion und ich. Könnten selbst herausfinden, was damals geschehen ist. Und im besten aller Fälle würden unsere Völker tatsächlich eines Tages wieder gemeinsam über die Steppe reiten, würden die Elfen uns verzeihen, was auch immer wir einst taten, in längst vergessener Zeit.

Und vielleicht würde ich meine Eltern wiedersehen können, dort in dem Garten zwischen Licht und Traum.

Auch Turien horcht auf: "So can you really **show** us the way to the Ancient Spirits?"

"The Ancient Spirits? Is that what you call them?"

Pixie lacht keckernd. Zufrieden steckt er sich einen Finger in die spitze Nase, fördert einen Popel zutage, rollt ihn zu einer grünlichgelben Kugel und schnippst ihn fort. "Yes, I can. I know them. All of them. Of course I do. The elves are always very happy to see me. The only thing is, I'm not sure I'm in the **mood** to show you the way."
Ich verdrehe die Augen, denn ich weiß genau, was er will. Er will gebeten werden. Hofiert werden. Das ist überhaupt das, was er die ganze Zeit über will: dass ich ihn trage, ihm sein Essen vor die Nase stelle und seinen Geschichten zuhöre, bis sie mir zu den Ohren wieder herauskommen.
Ich tue ihm den Gefallen: "Dear Pixie, would you please show us the way?"
"If you can **entertain** me, little human girl, so that it's not too boring to **travel** with you, then perhaps I will."

mood Stimmung
entertain unterhalten
travel reisen

Ich bin zu schnell. Ich denke nicht nach: "Why do you stay if it's boring for you? You can go whenever you like. Why do you stay here and ... and ..." Ich muss vorsichtig sein, schießt es mir durch den Kopf. Ich bin so nah am Ziel; wenn ich jetzt nicht achtgebe, könnte alles vergebens gewesen sein, und das würde ich mir nie verzeihen.
Doch der Kobold nimmt es nicht persönlich. Wie selbstverständlich klettert er erneut auf meine Schultern und wispert mit vor Spott triefender Stimme in

mein Ohr: “Because I have decided to **honour** you with my **company**. And because there are **many** things in the world that you do not understand, and many that you never will. So let’s go, my little human friend!”

Ich hole dreimal tief Luft. Denke an meine Eltern. Meinen Stamm. Turiens und meine Zukunft. Und stehe auf.

honour beehren
company Gesellschaft
many viele

The Flower

Noch am gleichen Tag brechen wir auf. Turien reitet auf Albion, der größer und kräftiger geworden zu sein scheint, seit seine Magie erwacht ist. Pixie ist gnädigerweise von meinen Schultern gestiegen und hat es sich in einer von Stormwinds Satteltaschen bequem gemacht. Allerdings nicht, ohne sich zuvor ausgiebig zu beschweren: "I, travel in a **saddlebag**?! I, Pixie, the most famous gnome in the world? How would a human feel if **someone** put him into a saddlebag?" Und so weiter und so fort. Ich habe gar nicht zugehört und bin einfach losgeritten. Dieser Kobold ist unerträglich. Wirklich. Und ich bin die Geduld in Person. Finde ich.

saddlebag Satteltasche
someone jemand

Unser erstes Ziel ist die Feuerschlucht. Das war nicht so geplant, und es ist nicht die Richtung, die Pixie uns zu den Elfenwäldern gewiesen hat, aber wir haben keine andere Wahl. Vollkommen unberührt von Zorn und Willen ihrer Reiter schlagen Pferd und Einhorn diesen und keinen anderen Weg ein. Stormwind hat sich noch niemals meinen Anweisungen widersetzt, aber weil alles Schmeicheln und Drohen nichts fruchtet, ergebe ich mich schließlich in mein Schicksal und lasse die Tiere gewähren.

Als wir das kleine Gebirgsmassiv erreichen, in dem die Feuerschlucht liegt, die Tiere langsamer werden und hintereinander vorsichtig einen schmalen Serpentinenweg erklimmen, fällt mir etwas ein, und ich beuge mich leicht zu der Satteltasche hinunter, in der der Kobold thront und gerade genüsslich den Dreck unter seinen Nägeln fortschiebt.

last zum letzten Mal
long ago vor langer Zeit
a few ein paar
true wahr
hunting brothers Jagdbrüder
remember erinnere mich
weren't waren nicht
personally persönlich
guess vermute
might be bin vielleicht

"When was it that you **last** saw the elves?", frage ich ihn. Ich habe beschlossen, den Kobold fortan betont freundlich zu behandeln. Mein Ärger nämlich scheint ihn zu freuen. Und diese Freude gönne ich ihm nicht.

"Oh, not that **long ago**. Only **a few** summers. Why do you ask?"

"Because we people of the steppe have not seen them for a very long time", antworte ich leise.

"You haven't? Come on, that can't be **true**. Aren't you **hunting brothers**, the elf-people and your tribe? I **remember** it well; I saw them meet you for the hunt."

Ich schnappe nach Luft, kann kaum glauben, was ich eben gehört habe. "You have seen us together?"

"Well, they **weren't** with you **personally**, but with people of your tribe, yes."

Haben Runa und Ravi auch hier gelogen? Selbst auf dem Thing? "How old am I? Not very old. I'm a young man." Pixie strahlt über das ganze Gesicht. "How long do you live, you humans?", will er wissen. "About fifty to sixty years? Well then, I **guess** I **might be** older then your **great-great-grandfather.** And maybe it was your great-grandfather I saw hunting with the elf-people."

Immerhin. Mir fällt ein Stein vom Herzen. Das deckt sich mit den Erzählungen von Runa und Ravi. Gut hundert Jahre sind vergangen, seit Steppenreiter und Elfen Seite an Seite ritten. Stumm danke ich den Ancient Spirits dafür, dass nicht alles, worauf mein Leben baut, eine Lüge ist. Den Anblick des mittlerweile wieder popelnden Kobolds sorgsam meidend, bemühe ich mich weiter um einen freundlichen Plauderton. Eines Tages wird mich dieser Pixie in den Wahnsinn treiben, ich weiß es!

great-great-grandfather Urgroßvater
have heard hast gehört
hundred hundert
just nur

"Did you know someone – or **have** you **heard** of someone – from our tribe who went to the elf woods after this? Not a **hundred**, but maybe **just** a few years ago?", frage ich.

Pixie zieht die Stirn in Falten, denkt nach, nickt, schüttelt dann den Kopf, legt ihn in den Nacken und lässt die Sonnenstrahlen über seine Butterblumenaugen tanzen. "No, I don't think so. I would have heard about it, if something had happened to them, wouldn't I?"

Das war eine Frage, keine Feststellung. Ich bin beruhigt und beunruhigt zugleich. Könnte es sein, dass den Elfen etwas zugestoßen ist? Aber hätten sie mein Volk dann nicht um Hilfe gebeten?

Ich finde keine Antwort auf diese Frage. Doch wir müssen weiter, müssen in den Elfenwald, Turien, Stormwind, Albion und ich. Wir werden Lekastes fragen. Lekastes, die Elfenkönigin. Der Name allein lässt mein Herz schneller schlagen. Ob sie uns antworten wird? Und wie es wohl sein wird, ihr von Angesicht zu Angesicht gegenüberzutreten? Mit ihr zu sprechen?
Ravis Worte habe ich nicht vergessen. Zwei Gruppen der Besten unseres Volkes zogen aus, um nach den Elfen zu sehen, und sie kamen nie zurück. Aber obwohl wir, Turien und ich, ihnen um ein Vielfaches unterlegen sind, haben wir doch etwas, das sie nicht hatten: Wir haben ein Einhorn an unserer Seite. Ein Seelentier des Elfenvolkes, das sich meinen Bruder zum Gefährten gewählt hat. Albion. Einen Freund.
Das Tosen des Wasserfalls reißt mich aus meinen Gedanken. Ich konzentriere mich erneut auf den Serpentinenpfad, sehe ehrfürchtig den gewaltigen Wassermassen zu, die nicht weit entfernt zu meiner Linken vom Berg ins Tal hinabdonnern. Der Tag neigt sich dem Ende zu und übergießt die Feuerschlucht mit jenem Zauber, der ihr den Namen gab. Wasser und Fels reflektieren das Rot der Abendsonne und lassen die Schlucht leuchten wie flüssige Lava.

Die Feuerschlucht ist noch immer in orangerotes Licht getaucht, als wir den Ort erreichen, von dem Turien gesprochen und zu dem Albion uns so unbeirrt geführt hat. Ich steige ab, folge dem Fingerzeig meines Bruders und sehe, worauf er deutet: Wo der schmale Pfad sich zu einem kleinen Plateau erweitert, um sich hernach wieder abwärts zu winden, bleibt Albion unruhig stehen, wirft den Kopf in den Nacken. Im Abendrot der Feuerschlucht glänzt sein perlmuttweißes Fell wie Blut. Nun kommt er zu mir zurück, stupst mich mit der Nase an, deutet mit dem Kopf empor zu einer Stelle hoch über uns, ganz nah an den herabstürzenden Fluten. Dort, am schroffen Hang, von aufstiebenden Wasserperlen umtanzt, sehe ich die Blume.

Sie gehört nicht hierher. Wie kann sie wachsen auf dem felsigen Grund? Wie kann sie sich halten, inmitten des tosenden Donners? Wie können ihre Blütenblätter noch immer so weit geöffnet sein, obwohl die Nacht hereinbricht? Wie kann eine Blüte aus sich selbst heraus leuchten wie Mondlicht und Regenbogen? Und doch gehört sie an keinen Ort der Welt mehr als an diesen. Eine Elfenfeuerblume, denke ich. Kein Name könnte passender sein.

Wie es mir gelingen soll, zu ihr vorzudringen, weiß ich nicht, aber ich bin fest entschlossen, es zu versuchen. Albion will diese Blume haben. Ohne Albions Hilfe werden wir den nächsten Winter nicht überleben. Ohne Albions Hilfe wären Turien und ich bereits tot.

“I'll try, Albion. The best I can”, sage ich mit fester Stimme, und er schnaubt, scharrt aufgeregt mit den Hufen auf dem felsigen Grund.

"You'll try. Well then, I guess we'll be waiting down here for **quite** a long time", knarrt Pixie, an Turien gewandt. "Let's eat something. I want some more of that bear meat. Or tell me a story. I want to have a good time. What can you **offer** me, boy?"
Kurz überlege ich, den Kobold die Schlucht hinabzuwerfen, aber dann ignoriere ich ihn, warte Turiens Antwort gar nicht erst ab, steige von Stormwinds Rücken, stapfe mit hoch erhobenem Kopf davon und mache mich an den Aufstieg – und begreife schnell, dass es Wahnsinn ist, was ich gerade tue. Der Fels ist glatt, sehr glatt. Moos bedeckt ihn, Flechten wachsen auf ihm, meine Füße finden kaum einen Halt. Die Blume erreichen zu wollen ist lebensgefährlich, und noch gestern wäre ich sicherlich nach ein paar Schritten umgekehrt. So jedoch steige ich weiter, Schritt um Schritt, während es Nacht wird über der Feuerschlucht. Das Leuchten der Elfenfeuerblume aber erlischt nicht, ganz so, als wollte sie mir den Weg weisen. Und wie es eben ist, wenn nichts mehr zwischen uns und unserem Ziel steht als der Wille, es zu erreichen, kämpfe ich mich vorsichtig weiter. Mehrfach verliere ich den Halt, rutsche einige Meter weit ab und fange mich nur mit Not. Meine Ohren dröhnen, ich bin fast taub von dem Donnern direkt neben mir, nass bis auf die Haut, und der Wind fährt mir bis ins Mark. Aber ich gebe nicht auf, kämpfe mich voran. Und einmal mehr ist es ein Lied meines Volkes, das mir Kraft gibt:

quite ziemlich
offer anbieten

Where there's a will, there will be a way.
Don't **hesitate**, don't **rest**, don't stay.
Move forward, let your light shine **high**.
Just one more **step**. You'll reach the sky.
You only have to try.

Mein Körper ist leicht, wie ausgehöhlt. Auch wenn es sich anfühlt, als wären keine Kräfte mehr übrig, die ich zum Leben erwecken und nutzen könnte, versuche ich es. Greife erneut mit den zerschundenen Händen nach dem glitschigen Fels, ziehe mich weiter empor. Nach unten schaue ich nicht. Ob Turiens Blick auf mir ruht? Ob er sich um mich sorgt? Vom Plateau bis zu der Blume sind es nicht mehr als dreißig Meter. Aber den direkten Weg kann ich nicht nehmen, ich muss mich seitlich nähern, immer wieder neu ansetzen, und die Strecke erscheint mir unendlich. Weiter, nur weiter. Mir wird leicht, die Welt um mich herum scheint jetzt in weichen Nebel gehüllt. Das Rauschen des Wasserfalls wird leiser, obschon er noch immer direkt neben meinem Ohr die Felsen herabdonnert. Ich lege den Kopf in den Nacken, suche die Sterne am Himmel. Sie drehen sich. Alles dreht sich. Und ich reihe mich ein in ihren lockenden Tanz.

Where there's a will, there will be a way. Wo ein Wille ist, ist auch ein Weg.
hesitate zögert
rest rastet
move bewegt euch
forward vorwärts
let lasst
high hoch
step Schritt

Als ich wieder zu mir komme, steht der Mond hoch

am Himmel. Die Elfen selbst müssen ihre schützende Hand über mich gehalten haben, denn ich liege nicht am Boden der Schlucht mit zerbrochenen Knochen, sondern in einer kleinen Mulde, einem Vorsprung im Fels. Nass bis auf die Haut und zitternd vor Kälte, aber lebendig. Ich ziehe mich hoch, klettere weiter, halte nicht mehr inne, denke nicht mehr, bin nur noch Bewegung und Willen. Als ich die Elfenfeuerblume schließlich erreiche, greife ich wie in Trance danach, streiche vorsichtig über die leuchtenden, samtweichen Blätter. Sie sind warm. Warm wie jüngst erkaltete Glut. Ihre Wärme durchfließt mich, und augenblicklich fühle ich mich frisch, ausgeruht und nicht länger erschöpft. "Thank you, Ancient Spirits", flüstere ich, "thank you so much."

Die Blume samt ihren Wurzeln an meinem Herzen, mache ich mich an den Abstieg, fliege fast die Felswand hinab, frei von Schmerz und Mühe, und Turien in die Arme, der weint vor Glück. "We saw you fall! By the Ancient Spirits, I **thought** you were **dead**!", schluchzt er, aber ich kann nur lachen vor Erleichterung, während Stormwind seinen Kopf an mir reibt und Albion uns aufgeregt umtänzelt. Fast hätte ich Pixie vergessen, aber der Kobold bringt sich selbst in Erinnerung:

"I knew it. You **took ages**. Anyway, now you're back **at last**. Can we go now?"

thought dachte
dead tot
took hast gebraucht
ages eine Ewigkeit
at last endlich

Jetzt ist es Turien, der wütend wird. Sein Körper wird starr. "Wir brauchen ihn nicht, Tara. Albion kennt den Weg zum Elfenwald ebenso gut wie er, da bin ich sicher." Er fährt herum und stapft auf den Kobold zu, der sich einem verschrumpelten Chamäleon gleich auf einem nahen Felsen räkelt. Mein Bruder ist ein sanfter Mensch, der gern lacht. Ich habe ihn selten zornig erlebt, aber jetzt klingt er wie der Donner selbst: "I will say this **once**, gnome, and never again. My sister **almost** died up there. You are not human, so perhaps you do not know human **feelings**. But **you had better** learn to **respect** them. Why? I'll tell you. If you do not, you will not have a **chance** to **find out** more about these slow, boring humans you'**re** always **complaining** about."
Ich hätte es anders ausgedrückt. Mit "**Shut up!**" zum Beispiel.

once einmal
almost fast
feelings Gefühle
you had better du solltest besser
respect respektieren
chance Möglichkeit
find out herausfinden
are complaining beschwerst dich
Shut up! Halt den Mund!

Beware, Friend, Beware, **Stranger**

Die Steppe ist der schönste Ort der Welt. Land und Himmel sind unendlich, und das Herz wird einem weit dort, auf dem Rücken eines Pferdes, im Galopp über wogendem Grün unter strahlendem Blau. Wir reiten schnell, machen nur eine Pause, um unsere Vorräte aufzufüllen. Während Turien nach Kräutern und Wurzeln sucht, stöbere ich eine Rotwildfährte auf, doch Turien und ich beschließen, dass die Reste des Bären für die nächsten Tage ausreichen werden. Ein Reh, selbst ein junges, ist sogar für zwei Menschen in Begleitung eines nimmersatten Koboldes zu viel für eine Mahlzeit, und die Zeit, das Fleisch zu trocknen, haben wir nicht.

Pixie, der nach dem Aufbruch aus der Schlucht in eisernes Schweigen verfallen ist, klettert nun aus seiner Satteltasche und schlendert zu uns herüber, in der Hand einen kleinen Stecken, den er wie eine Sense durch das hohe Gras schwingt, das ihm fast bis zum Kinn reicht. “You must **be wrong**, of course you are. I can’t see any forest, which **means** there is none. How can **red deer** live here? They live in the elf wood. Maybe you’ll find them on the steppe near the wood. But we’re not close **enough** yet.”

beware Vorsicht
stranger Fremde(r)
be wrong falsch liegen
means bedeutet
red deer Rotwild
enough genug

Es liegt kein Spott in seiner Stimme. Kurz werde ich misstrauisch, aber dann beschließe ich, ihm zu glauben. Vielleicht haben ihn Turiens Worte ja wirklich erreicht. Und vielleicht gibt es wirklich manches in der Welt, das ich nicht verstehe. Vielleicht hat Pixies Anwesenheit hier bei uns wirklich einen Sinn, der sich mir eines Tages offenbaren wird.

“It’s not only red deer that live in the steppe. Remember the spider! It was a forest-spider, and I never **expected** to see one in my life, not in a small forest like that. I only knew of them from the old **songs**. The deer have lived in the steppe and in the small forests as long as I can remember. I know it **must have been different** in the old days. But things have changed.”

expected habe erwartet
songs Lieder
must have been muss gewesen sein
different anders

Das gibt ihm zu denken, ich sehe es an seinem Blick, der sich nach innen richtet, und an seinen Augen, die dunkler werden und aus denen der stete Spott gewichen ist. Kurz scheint er mit sich selbst zu ringen, und ich beobachte staunend, wie er ein paarmal mit dem Fuß auf dem Boden aufstampft, entschlossen nickt oder den Kopf schüttelt, als wolle er sich selbst ermahnen, sich auf seine Gedanken zu konzentrieren und nicht abzuschweifen. Einige Augenblicke vergehen und er beginnt unvermittelt, vor und zurück zu schreiten, in einer Art groteskem Tanz. Dann singt er:

Humans **thoughts** are much too slow;
pixies **simply** cannot follow.
They **bend** the **truth** to their **own** will,
and **ignore** what they can't **fulfil**.
Seeing future, seeing **past**,
now it is **present** at last.
What we are and what will be,
humans simply cannot see.
Just go **further**, **face** the **change**.
Pixies help to **rearrange**
what **has been** and what will be.

Mit den letzten Worten des Liedes verändert sich mit einem Mal die Luft um ihn herum, wird milchig, undurchsichtig, er selbst darin wie unsichtbar, flackert, verschwindet schließlich und taucht kurz darauf an seinem angestammten Platz in der Satteltasche wieder auf:
"And then at last you'll see."
"Wow", entfährt es Turien, "how did you do that? And what does this mean?"
Der Kobold zwinkert ihm zu, spöttisch wie immer: "How did I do that, greenhorn? I used pixie magic. **Obvious, isn't it**? Oh, I **forgot**. You can't know, of course you

thoughts Gedanken
simply einfach
bend beugen
truth Wahrheit
own eigenem
ignore ignorieren
fulfil erfüllen
past Vergangenheit
present Gegenwart
further weiter
face schau ins Gesicht
change Veränderung
rearrange umgestalten
has been gewesen ist
obvious offensichtlich
isn't it? nicht wahr?
forgot habe vergessen

can't." Und so, als hätte er zu seiner alten Form zurückgefunden, schläft er auf der Stelle selig ein und beginnt, laut zu schnarchen.
Ich schüttele den Kopf, muss plötzlich lachen über diesen kleinen Kerl. "Oh, Turien, hast du das gesehen? Er kann sich durch die Luft bewegen! Warum hat er uns nicht geholfen, die Blume zu pflücken? Es wäre so leicht für ihn gewesen! Why didn't he help us?"
Das Schnarchen setzt kurz aus, als Pixie leise antwortet: "Because you did not ask me to help you, Tara. We **are not allowed** to **influence** your world **by** our own will. Anyway, you managed **pretty** well **on your own**. I knew you would. Of course I did." Dann schnarcht er weiter.
"Does that mean ... that you would have helped her, if she had been in **real danger**?", hakt Turien nach.
Aber Pixie antwortet nicht mehr, rollt sich nur noch etwas bequemer in der mit Kratzern bedeckten Satteltasche zusammen, ein hochzufriedenes Grinsen auf dem verknitterten Gesicht.
Tara ... Er hat das erste Mal meinen Namen ausgesprochen.
"**On we go!**", ruft Turien, und dann eilen wir weiter, dem Elfenwald entgegen.
Wir erreichen ihn am späten Nachmittag.
Schon als ich ihn von Ferne erspähe, weiß ich, dass nur

are not allowed dürfen nicht
influence beeinflussen
by durch
pretty ziemlich
on your own alleine
real echt
danger Gefahr
On we go! Los, weiter!

dies der Elfenwald sein kann. Ich habe noch nie in meinem Leben einen derart großen Wald gesehen. Er erstreckt sich bis zum Horizont, ist wie die Schwelle zu einer anderen Welt und macht mich staunen. Aber je näher wir ihm kommen, desto mehr beginne ich zu zweifeln. Was immer ich erwartet habe, erfüllt sich nicht. Dieser Ort glänzt nicht, er strahlt nicht. Er hat nichts gemein mit der Elfenfeuerblume, die, mit den Wurzeln in ein Stück feuchten Stoff gewickelt, in einem Lederbeutel an meinem Herzen ruht. Wo die Blume Kraft und Wärme ausstrahlt, das Leben selbst in sich zu tragen scheint, wirkt der Elfenwald seltsam leblos und grau. Fast scheint es, als ginge das satte Grün der Steppe dort, wo der Wald beginnt, in ein dumpfes Graugrün über.

"This way", murmelt Pixie, zeigt mit der Hand in Richtung des Waldes. Seine Stimme klingt müde, traurig vielleicht.

"**What's the matter?**", frage ich. "Are you sad? Is this how you remember the wood? Has **anything** changed?"

What's the matter? Was ist los?
anything irgendetwas

Aber Pixie antwortet nicht, verkriecht sich tiefer in die ungeliebte Tasche, als wollte er nichts sehen, nichts hören, nichts wissen.

Als wir schließlich heran sind und wenige Schritt entfernt vor der Waldgrenze innehalten, trifft mich die Erkenntnis wie ein Schlag: Es ist totenstill. Kein Vogel singt, kein Tier ruft. Selbst der Wind scheint den Atem anzuhalten und bewegt die Blätter der riesenhaften Bäume kaum.

Ich spüre Stormwinds Widerwillen, sich diesem Ort weiter zu nähern.
“Despair”, wispert Turien an meiner Seite, “despair and **deep sleep**”, und fasst damit in Worte, was auch ich fühle: Der Wald wirkt, als läge er in einem tiefen Schlaf und hätte alle Hoffnung darauf verloren, je wieder zu erwachen.
Ich werfe einen Blick hinab zu Pixie. “This is the elf wood?”, frage ich mehr, als dass ich es feststelle, obwohl es an dieser Tatsache keinen Zweifel gibt, denn zumindest Albion ist sich seiner Sache sicher. Unruhig scharrt er mit den Hufen, sodass Turien sich schließlich von seinem Rücken zu Boden gleiten lässt. “Give us a little time, Albion. We have to … try to understand first. Please”, sagt er leise. Das Einhorn neigt den Kopf, ungeduldig zwar, aber zustimmend.

deep tief
sleep Schlaf

Pixie klettert aus meiner Satteltasche, sieht sich um, reckt die spitze Nase in den Wind, als nähme er eine Witterung auf, legt die Hände hinter die großen, spitzen Ohren und drückt sie nach vorn, als könnte er so besser hören.
Schließlich zuckt er die Schultern und deutet auf eine Stelle zu unserer Linken. Dort, halb versunken im graugrünen Gras, das hier seltsam spärlich wächst, steht etwas, das eindeutig nicht hierher gehört: eine große, aus hölzernen Planken gefertigte Tafel, befestigt an einem in den Boden gerammten Pflock. Ich werfe Turien einen fragenden Blick zu und er nickt. Seite an Seite gehen wir

once einst
beauty Schönheit
death Tod
archer Bogenschütze
survived hat überlebt
strong stark
broken gebrochen
return zurückkommen
anyone irgendjemand
magical magisch
everlasting ewig

näher heran; Pferd, Einhorn und Kobold folgen uns.

Die Tafel ist verwittert, die eingeritzten Lettern sind vor Moos fast unleserlich. Ich nehme mein Messer, kratze vorsichtig die Flechten fort, und mit jedem neuen Buchstaben, mit jedem Wort, das ich freilege, werden meine Bewegungen langsamer, beginnt mein Arm immer stärker zu zittern, bis dort schließlich die Wahrheit steht, tief eingekerbt in totes Holz:

This is the elf wood –
once a place of **beauty**, now a place of **death**.
Beware, friend, beware, stranger – do not go further!
Andra, best huntress of the steppe people,
Kian, best **archer** of the steppe people
and their friend went into the wood.
Only one of them **survived**.
He was proud as you are.
He was **strong** as you are.
His heart is **broken**.
He will never **return**.
Forget this place, friend, forget this place, stranger.
It will never again do **anyone** any good.
Remember it as it must once have been:
Beautiful. **Magical**. And **everlasting**.

“No”, sage ich tonlos. Immer wieder dieses eine Wort. Ich lasse das Messer fallen, greife nach Turiens Hand, die ebenso sehr zittert wie meine.
Wer der Freund ist, der gemeinsam mit unseren Eltern diesen Wald betrat und allein zurückkehrte, muss ich nicht fragen. Ich weiß es, verstehe jetzt, sehe alles klar und deutlich vor mir: Ravis Blick auf dem Thing, den ich nicht habe deuten können. Die Furcht in seinen Augen, die Trauer, die Schuld. Ich verstehe, weshalb die letzte Strophe des alten Liedes nicht weitergetragen wurde an uns, die nächste Generation. Weiß nun, weshalb Merle und Niall uns anderen gegenüber stets voller Inbrunst behauptet haben, den Elfenwald habe es nie gegeben. Nein, ihr Vater wird ihnen sein Geheimnis niemals anvertraut haben, da bin ich sicher. Aber er wird alles in seiner Macht Stehende getan haben, um sie seine Version der Geschichte glauben zu machen. Von Kindesbeinen an.
Stumm frage ich mich, wer aus meinem Volk davon weiß.
Dass Ravi und meine Eltern einander ähnlich eng verbunden waren, wie Merle und ich es sind, das weiß ich wohl. Aber was wollten sie hier, ganz allein? Und warum, warum, warum nur hat Ravi uns belogen? Wie sind sie wirklich gestorben, meine Eltern, wenn nicht auf der Jagd? Haben sie leiden müssen? Hatte ihr Tod einen Sinn?
Mit einem Mal erscheint mir alles denkbar, alles möglich, gibt es keine Hoffnung auf ein gutes Ende.

Turien scheint meine Gedanken lesen zu können. "Do you ... do you think Runa ... knows?", fragt er.
Ich nicke langsam, während ich beginne, das Ausmaß der Lügen zu begreifen. Ja, Runa weiß es, da bin ich sicher. Ich habe es in ihren Augen gelesen, unzählige Male schon, ohne es deuten zu können.
Ich starre auf meine Hände hinab, sehe die Linien und die vielen kleinen Narben. Zeichen des Lebens einer Jägerin vom Stamm des Steppenvolkes, die niemals ein vollwertiges Mitglied ihres Stammes werden wird, weil sie ihre Reifeprüfung niemals bestehen wird. Anders als Merle, Kestrel, Niall, Thale und all die anderen, die heute, am Abend des dritten Tages der Reifeprüfung, ihre Feuertaufe erhalten werden – während ich viele Meilen entfernt vor einem toten Wald stehe und voll verzweifelter Hoffnung auf ein verwittertes Stück Holz starre, als würde es gleich zu reden beginnen, um mir zu sagen, dass all dies nur ein schlechter Scherz gewesen sei.
Doch die Buchstaben verändern sich nicht, und weil ich ihren Anblick nicht länger ertragen kann, wandert mein Blick zurück zu meinen zitternden Händen und den unzähligen Malen darauf. Kleine Trophäen. Kleine Siege. Alles Lüge.
Die Hand meines Bruders lasse ich nicht los, aber mit der freien Linken greife ich über meine Schulter nach dem Bogen, ziehe ihn heraus, lege das glatte Holz an meine Wange, als könne es mir Halt geben. Ich spüre Stormwind an meiner Seite und bin ihm dankbar für

seine unverbrüchliche Freundschaft. Zumindest er ist frei von Falsch, und er spürt ebenso sehr wie ich, dass dieser Ort nichts Gutes birgt. Und in diesem Augenblick weiß ich, dass ich ihn fortschicken werde. Stormwind vertraut mir. Er würde mir überallhin folgen, wenn ich ihn mit Nachdruck darum bitte. Aber ihn in diesen Wald hineinzuführen, wäre eine Lüge. Ich würde ihn an einen Ort führen, an dem ich ihm nicht garantieren könnte, dass sein Vertrauen in mich gerechtfertigt wäre.

Langsam lasse ich die Hand meines Bruders los, schnalle einige Beutel von Stormwinds Rücken, nehme ihm das Sattelzeug ab und deponiere beides nahe der Tafel mit der Warnung.

separate getrennte
should sollte
safe in Sicherheit
soulmate Seelenverwandter
take care of achtgeben auf

Dann packe ich einige der Dinge aus den Seitentaschen in einen Rucksack, schnalle ihn mir um und wende mich Stormwind zu. Leise flüstere ich in sein Ohr.

"What did you say?", fragt Pixie misstrauisch.

"I told him that we will go **separate** ways now. That he **should** wait for me. Stay **safe**. And if I do not return, he should go back to the tribe and try to find himself a new companion. He will never be his **soulmate**, but he might be a friend. That he should try with Merle, my best friend, if he likes. And **take care of** her."

Stormwind ist mein Soulmate, mein Seelengefährte. Er ist ein Tier, aber er ist mir so nah, wie ein Tier einem Menschen nur sein kann. Ich weiß, dass er mich verstanden hat, denn in seinen hellen Augen sehe ich den Schmerz, den der Abschied von mir auch ihm bedeutet. Ein letztes Mal reibt er seine weichen Nüstern an meiner Wange, streiche ich ihm über das dichte Fell. Dann wiehert er laut, wendet sich ab und prescht davon, wie um sicherzugehen, dass er es sich nicht noch einmal anders überlegt, umkehrt, bei mir bleibt.

Ich sehe ihm lange nach, und Turien, Albion und selbst Pixie sind still in diesem Augenblick des Abschieds.

Erst als Stormwinds Silhouette mit der Steppe verschmilzt, räuspert Pixie sich und sagt leise: "Are we ready to go on now?" Seine Stimme hat einen dunkleren Klang angenommen, ernst fast, bedrückt. Sie zeigt mir, dass Pixie in einem Punkt nicht gelogen hat: Er war schon einmal hier. Er kennt die Elfenwälder. Und der Wald, den er nun vor sich sieht, hat mit dem Bild seiner Erinnerungen nichts gemein.

Als die Sonne langsam zu sinken beginnt, führt Albion uns in den Elfenwald hinein, Turien, Pixie und mich.

Ob es stimmt, was die alten Lieder sagen?

Heir of myth and heir of sorrow.
Always believe in a brighter tomorrow.
Where myth meets faith,
where strength meets silence,
they will change the world.

Ob Runas Prophezeiung der Wahrheit entspricht? Ob wir jene Erben sind, Turien, Albion und ich? Ob unser Wille stark genug ist, um die Welt zu ändern? Die Zeit wird es zeigen.
The time has come.
Kurz bevor der Wald uns ganz umfängt, werfe ich einen letzten Blick zurück, brenne das Bild der weiten Steppe in mein Herz.
Ob ich sie jemals wiedersehen werde?
Ich weiß es nicht.

The Wood

Im Wald hat sich die beklemmende Stille, die diesen Ort umfängt, noch weiter verdichtet.

Der Wald selbst verschluckt die Geräusche nicht – ganz im Gegenteil. Unsere Schritte und jede unserer Bewegungen sind überlaut zu hören: Wenn das dichte Unterholz unter uns einbricht oder wir herabhängende Äste, Ranken und hohe Farne beiseiteschieben, die allgegenwärtig zu sein scheinen. Aber die Geräusche, die wir verursachen, sind die einzigen Geräusche.

Mit Erstaunen stelle ich fest, dass Albion zwar aufmerksam und angespannt wirkt, ihn die drückende Stille selbst aber nicht zu beunruhigen scheint. Dass dieser Ort, so unwirtlich er auch sein mag, seine Heimat ist, ist nicht zu übersehen. Und es lässt mich hoffen. Denn wo auch immer er uns hinführen will – es muss dort anderes Leben geben inmitten all dieser Trostlosigkeit. Vielleicht werden wir auf jemanden treffen, der uns wird erklären können, was hier geschehen ist.

Pixie hingegen wirkt nun unübersehbar bedrückt, fast ängstlich. "It's not how you remember it, is it?", wendet sich Turien leise an ihn und spricht aus, was auch ich denke. "But what is it? What has changed? **Whatever** it is ... Albion can only show us, but you can tell us. Will you?"

whatever was auch immer

Aber Pixie schüttelt nur den Kopf und schweigt, die Augen zu schmalen Schlitzen verengt, die Ohren sicht-

bar gespitzt. Seine Ernsthaftigkeit macht mir Angst und seine Sturheit macht mich wütend. Warum lässt er uns blind in eine ungewisse Zukunft tappen? "Never heard of **teamwork**, have you?", knurre ich leise. Weil ich schlecht eine Antwort aus ihm herausschütteln kann, stapfe ich weiter, alle Sinne aufs Äußerste gespannt. Ich hatte geglaubt, wir würden langsam Freunde werden, der Kobold und ich. Ich scheine mich getäuscht zu haben.
Der Weg, den Albion uns führt, mag einst ein Pfad gewesen sein, denn hier stehen die Bäume weniger dicht und sind etwas weniger hoch. Aber wenn es wirklich ein Pfad gewesen ist, so hat ihn seit langen Zeiten niemand mehr betreten.

teamwork
Teamarbeit

Den Speer fest in der Hand, Pixie auf der Schulter und Turien hinter mir, kämpfe ich mich weiter, alle Sinne in höchster Alarmbereitschaft. Und dann bemerke ich es: ein leises, hohes Sirren, das von überallher zu kommen scheint, zunächst kaum hörbar, dann von Herzschlag zu Herzschlag immer lauter und dunkler wird und schließlich anschwillt zu einer Kakophonie wie von einem Wespen- und Hornissenstaat in Alarmbereitschaft und dem schrillen Kreischen tausender Zikaden. Ich stehe ganz still, verschließe die Furcht fest in meinem Herzen und versuche, den Ort auszumachen, an dem uns das Sirren mit voller Wucht treffen wird. Es gelingt mir nicht. Speer, Fangnetz und Bogen sind hier nutzlos. Wir bräuchten Fackeln. Oder den Schutz der dicken, gegerbten Lederhaut eines gro-

ßen Tieres, eines Büffels vielleicht. Aber beides haben wir nicht.
“**Hurry!** Take this!”, schreie ich über das schrille Brummen und Sirren hinweg, während ich in meinen Rucksack greife, die Decken herausziehe und eine Turien und die andere mir selbst und dem Kobold auf meiner Schulter überwerfe. “Now run!”
Albion prescht vor, so schnell es ihm Äste, Steine und Wurzeln erlauben, und wir rennen ihm hinterher, rennen wie Hasen, schlagen Bögen, weichen Ästen aus, reißen uns die Haut an Dornen blutig. Die ersten Wolken der Insekten erreichen uns, drängen unter unsere Decken, unsere Kleidung, krallen sich fest, beißen, wühlen, wüten und verwandeln meinen Körper binnen Kürze in ein Meer brennenden Schmerzes. Turien scheint es nicht anders zu ergehen und seine Schmerzensschreie dringen mir bis ins Mark. Wenn ich ihm nur helfen könnte!

Hurry! Beeilt euch!

Im Rennen höre ich mit einem Mal die Stimme des Kobolds dicht an meinem Ohr. “Over there!”, schreit er und nutzt meine Haare nun wirklich als Zügel, um mir die Richtung zu weisen. Das ist gut so, denn die Wolken von Insekten machen mich halb blind. Ich greife nach Turien, umfasse fest seine von Stichen verquollene Hand und ziehe ihn mit mir, weiter, immer weiter. Dann sehe ich es: Eingewachsen und halb versteckt unter Ranken und Gehölz, steht ein alter Pavillon, ein Haus aus weiß schimmerndem Sandstein, wie aus Muscheln.

Es wirkt auf mich wie ein Stück Vertrautheit und Sicherheit inmitten des tosenden Chaos. Wir stolpern näher und hinein, Albion, Turien und ich, Pixie noch immer auf den Schultern, und das Wunder geschieht: Die Insekten folgen uns nicht, und jene, die noch an uns kleben, in unser wundes Fleisch verbissen sind, fallen von uns ab und kriechen und taumeln hinaus.

"Praise the Ancient Spirits! We are safe in here!"

Turien ist am ganzen Leib verquollen. Das erleichterte Lächeln, das sich nun auf seinem Gesicht ausbreitet, muss ihn stark schmerzen. Er achtet nicht darauf, starrt nur auf die hell schimmernden Wände unseres Zufluchtsortes und lauscht, wie das Brummen und Sirren zuerst wütend und lauter wird, dann abschwillt und schließlich ganz verstummt.

"By the blood of our **forefathers** – what was that?", keucht er und ringt schwankend nach Atem.

forefathers Ahnen
nightmares Albträume
millions Millionen
honest ehrlich
existed existierten
away weg
break of dawn Tagesanbruch

Ich habe keine Antwort, aber Pixie, der jetzt von meinen Schultern und auf den Boden geklettert ist, sagt: "**Nightmares**. They were nightmares. **Millions** of them. I've never seen so many. To be **honest**, I didn't think so many of them still **existed**."

"Nightmares?" Albträume?

Pixie nickt. "Whenever someone from your world has a nightmare, it turns into one of these. They fly **away** at the **break of dawn** and sometimes they never return.

But if they do, and if they find you, it can even be a good thing. After flying through the world and living their own free **lives**, they forget what they are. And when they come back to bite you, they bring a **piece** of you back – in a **changed form**. When they bite you, they make you whole again."
Trotz des brennenden Schmerzes überall auf meiner Haut muss ich lächeln. So betrachtet sind die Mückenstiche, die wohl jeder Mensch jeden Sommer davonträgt, eine fast schon schöne Vorstellung. Geläuterte Albträume, zurück von ihrem Ausflug in die Welt.
"But", spricht Turien aus, was ich denke, "these nightmares cannot be ours. I don't remember every one I've had, but I swear my sister and I have not been in this world long enough to **create** so many nightmares. And they can't be your nightmares, either, because they **haven't bitten** you."
Und damit hat er recht: Pixie ist nicht gestochen worden. Nirgends. Ebenso wie – wie mir auch jetzt erst auffällt – Albion.
Mit einem schiefen Grinsen zieht der Kobold seine dichten Brauen in die faltige Stirn und zupft an seinem roten, wirren Haar. "Well ... of course they didn't bite me. We are magical creatures, Albion and I. If we use our magic to protect us, the nightmares will not **haunt** us."
"All right, then", sage ich. "And what if I asked you now

lives Leben
piece Stück
changed veränderten
form Form
create erzeugen
have bitten haben gebissen
haunt heimsuchen

whether you could have saved us from these nightmares? I **suppose** your answer would be: yes, but you didn't ask me and ...."

"... you managed on your own. Exactly. Of course this would be my answer to you, of course it would." Jetzt strahlt er mich an. Als wäre ich ein besonders gelehriger Schüler, der seinen Lehrer unerwartet positiv überrascht hat. Na großartig, denke ich und kralle die Nägel in die Handflächen, um mich davon abzuhalten, mich zu kratzen, bis ich kein Stück juckender Haut mehr am Körper habe.

"But you **are right**", fügt er – vielleicht, um mich zu versöhnen – hinzu, "these nightmares were not yours. They cannot all be yours. Not even if you were a hundred years old. It is all very strange, of course it is. I have to think about it, then I'll find an answer. Of course I will."

Um mich abzulenken, sehe ich mich genauer in unserer Zuflucht um. Einst muss dies ein wundervoller Ort gewesen sein, eine Art Zelt mit festen Wänden aus durchscheinendem Licht. Auf acht Säulen ruht eine hohe Kuppel, der Raum darunter, in dem wir uns befinden, misst gut viermal das Innere unserer großen Familienjurten und erscheint mir wie ein Palast. Die Säulen aus dem seltsamen, schimmernden, muschelartigen Material sind verziert mit feinsten Ziselierungen. Staunend trete ich näher, fahre mit den Fingern über eingeritzte Linien, ertaste tan-

suppose nehme an
are right hast recht

zende, hochgewachsene Gestalten mit langen Gliedern, spitzen Ohren und weiten, fließenden Gewändern. Einige der Ziselierungen sind mit Farben angereichert. Früher, als noch Licht durch die Kuppel hineinfiel, müssen sie wunderschön geleuchtet haben. Heute aber, da Efeu, Moos und Äste das Dach überwuchern, muss man sehr genau hinschauen, um die feinen Schattierungen wahrzunehmen.

Turien sieht sich nun ebenfalls in dem großen Raum um. Eine Stelle, an der die Dornen von draußen in den Pavillon hineingewachsen sind und eine Art Bank oder steinerne Liege umschlingen, weckt sein Interesse. Nur an einer Seite schauen noch die Beine der Bank und ein kleines Stück der Sitz- oder Liegefläche hervor. Ich will mich gerade wieder den Darstellungen auf der Säule vor mir zuwenden, als Turien erstickt aufschreit: "By the Ancient Spirits ... Tara, Pixie, hurry! Come here and tell me what you see!"

Ich tue ihm den Gefallen, komme näher, betrachte die von Ranken eingesponnene Bank. Als ich es sehe, will ich es zunächst nicht wahrhaben; als es sich nicht mehr leugnen lässt, dreht sich mir der Magen um vor Widerwillen, Abscheu und Kummer. Zwischen den seltsam graugrünlichen Ranken schimmert etwas Helles, Schmales, glitzert und funkelt an einem langen, schlanken Zeigefinger ein Ring. Die Hand ist wie in einer flehentlichen Geste ausgestreckt, sie reckt sich Turien und mir entgegen, als wollte sie sagen: Tu uns nichts! Bitte!

Wie gebannt folgt mein Blick dem Arm durch das Gewirr der Ranken. Hin zu einem schlanken Oberkörper, an dessen Brust ein Kind ruht: die Augen geschlossen, die Hände noch im Spiel der Finger vertieft, das Gesicht bereits zum Weinen verzerrt. Über ihm das Gesicht seiner Mutter – vorgebeugt, einen stummen Schrei auf den halb geöffneten, blassroten Lippen. Die Ranken sind ihr über das fein geschnittene Gesicht bis in den Mund hineingewachsen, haben sich in ihr langes, goldenes Haar gewebt. Die stumme Bitte hat ihnen nicht geholfen, beiden nicht, Mutter und Kind.

Ich habe noch nie in meinem Leben etwas so Schönes und zugleich Grausames gesehen. Ich möchte schreien und kann mich doch nicht losreißen. Das also ist eine Elfe. Sie ist schöner, als ich sie mir je erträumt habe.

"Oh Pixie, how beautiful they are", murmele ich dem Kobold an meiner Seite zu und habe meinen Gram fast wieder vergessen.

beholder
Betrachter(in)

"Beautiful, you say. Is beauty so important to you, little steppe-human? Beauty is in the eye of the **beholder**, is it not?", fragt er.

"Are they ... are they ... dead?", will ich wissen. "What happened here?"

Der Kobold antwortet mit einer Gegenfrage: "Are they dead? You are a huntress, Tara. I thought you knew something about life and death. So tell me: what do you think? Are they dead?"

Ich sehe genauer hin. Das Fleisch der Elfe und ihres Kindes ist nicht verwest, nichts lässt darauf schließen, dass sie wirklich tot sind. Sie wirken wie aus Wachs gegossen. Und doch weiß ich, noch ehe ich den Mut finde, die vorgestreckte Hand der Elfenfrau zu berühren, dass diese Körper nicht aus Wachs sind, sondern aus Elfenfleisch und Elfenblut.

Noch ehe ich meine Vermutung überprüfen kann, kommt Leben in Albion, der bislang nahezu reglos in der Mitte des Raumes stand, die Nüstern weit gebläht, der Silberschweif unruhig peitschend. Er scharrt mit den silberglänzenden Hufen, stampft, wirft den Kopf zu uns herum, sieht uns an. Dieses Mal ist es der Kobold, der die Anweisungen gibt: "Hurry, humans, hurry! On the unicorn's back, hurry!"

Ich frage nicht nach dem Warum, springe vor, ziehe Turien hinter mir her und greife nach Pixie, schwinge mich auf Albions Rücken. Keinen Wimpernschlag zu spät, denn was folgt, ist schlimmer als fliegende Nachtmahre, schlimmer als Waldspinnen, schlimmer als alles, was ich in meinem Leben gesehen oder gehört habe.

Draußen erhebt sich ein mächtiges Rauschen aus der Stille. Erst denke ich, ein Orkanwind zieht auf, aber dann sehe ich, dass es die Pflanzen sind, die sich bewegen. Sie kriechen über den Boden wie Schlangen, winden sich, lecken an den Wänden des Pavillons empor, schließen uns ein.

"Run, Albion, run!", schreie ich, schlinge die Arme um

meinen Bruder und den Kobold und presse die Beine um Albions Leib. Das Einhorn zögert nicht, nimmt Anlauf und springt. Wir schaffen es nach draußen. Aber außerhalb des Pavillons ist es noch schlimmer. Äste werden zu Armen und greifen nach uns, das Unterholz schießt empor, türmt sich zu Bergen, versperrt uns den Weg, Dornen und Ranken umschließen Albions Schweif, Fesseln und Mähne. Die Kronen der turmhohen Bäume selbst erbeben, schreien, verwünschen uns. Wir werden sterben, alle vier, jetzt und hier, wenn nicht ein Wunder geschieht.

Wir müssen kämpfen. Mein Messer pflügt Schneisen in das lebende Gehölz, aber immer wieder kommt neues nach. Albions Horn gleißt heller und heller, und einige der Pflanzen fallen wie leblos von uns ab oder ziehen sich zurück. Und da ist Pixie. Aufrecht und ohne dass die Bewegungen des Einhorns seine Konzentration stören könnten, steht er an Albions Hals gelehnt, die großen gelben Augen auf Pflanze um Pflanze gerichtet, und singt immer wieder ein und dieselbe Strophe:

goblin, gremlin, leprechaun, kobold, irrip, pixie, pooka, ouphe, fairy, sprite Kobolde und Feenwesen
fight kämpft

"**Goblin, gremlin, leprechaun**!
Kobold, irrip, pixie!
Pooka, ouphe, fairy, sprite!
Change the present!
Help them! **Fight**!"

Aber auch seine Magie verhilft uns nur zu kleinen Atempausen. Zeit, ein paar weitere Schritte zu tun, Zeit, einen langsameren Tod zu sterben. Auch Albion erkennt das, schreit auf in Todesangst.
"Albion **must not** die!", schreie ich Pixie und Turien zu. "We have to **dismount**! We are slowing him down! Jump, brother, jump!"
Doch ich kann es nicht. Ich kann nicht springen, kann keinen Finger mehr rühren. Ich will nach Turiens Hand greifen, ihn mit mir ziehen, auf dem Boden abrollen, wieder aufspringen, um weiterzukämpfen. Mein Körper aber rührt sich nicht. Einmal mehr hat der Kobold mich mit einer schnellen Geste seiner Hand zum bloßen Zuschauen verurteilt.

must not darf nicht
dismount absteigen

Aber da geschieht etwas Ungeheuerliches. Albions Hilfeschrei ist gehört worden. Durch das Wüten des Waldes nähert sich uns ein helles Leuchten. Vier Einhörner, größer und prachtvoller als Albion selbst, bahnen sich mit gleißenden Hörnern ihren Weg durch den Aufruhr, nehmen uns in ihre Mitte und führen uns weiter in den Wald hinein. Dass jeder Schritt in Richtung unseres Ziels, das sie dem Waldboden abgewinnen, sie unendlich viel Kraft kostet, ist nicht zu übersehen.
Das Leuchten ihrer Hörner wird zusehends schwächer, das Toben um uns her stärker. Schließlich stolpern sie, knicken mit den Vorder-, dann mit den Hinterläufen

ein und bleiben am Boden liegen, mit bebenden Flanken und Schaum vor den Mäulern, das Leuchten der Hörner erloschen.
Als ich schon beginne, mich auf den Tod vorzubereiten, erkenne ich, dass wir in Sicherheit sind. Der Boden unter uns besteht nicht länger aus tobendem Holz, er ist aus Stein. Die Dornenhecke um uns scheint bis an den Himmel zu stoßen. Der Wald weicht zurück wie vor einer unsichtbaren Grenze.
"Unicorns!", krächzt Turien. "So many of them ..."
Und er hat recht. Um uns herum, umschlossen vom Tosen des Waldes, steht eine Herde Einhörner; gut zwei Dutzend Tiere, schätze ich. Das Leuchten ihrer Hörner scheint den Dornenwall, der uns schützt, noch mächtiger werden zu lassen. Und endlich beruhigt sich der Wald und versinkt erneut in Stille.
Es ist Nacht geworden. Mir ist bitterkalt. Wir sind zerkratzt, zerschunden, blutig. Aber wir leben!
Praise the Ancient Spirits, we are alive!

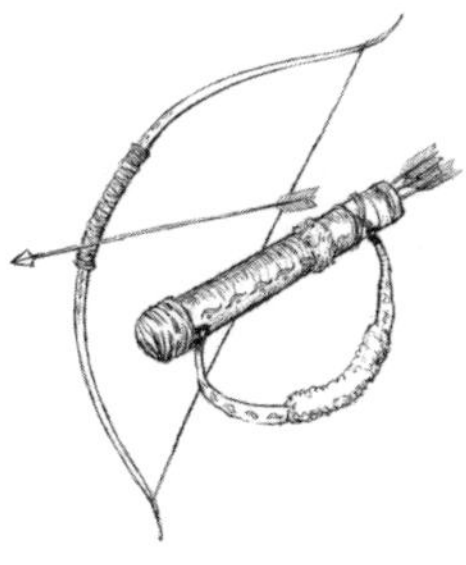

The Unicorn's **Refuge**

Der Tag bricht schon an, als ich wieder zu mir komme, auch wenn die Sonne kaum bis zu uns durchdringt. Turien und ich liegen auf unseren Decken, rings um uns her Einhörner, die uns wärmen. Der Boden ist steinig und hart, aber ich habe gut geschlafen und fühle mich frisch, erholt und voller Tatendrang.

refuge Zuflucht
for watching over us dass ihr über uns gewacht habt

Angesichts des allgegenwärtigen Grauschleiers, der über dem Wald liegt, wirkt die von der Dornenhecke umgebene Insel, auf der die Einhörner und wir uns dicht aneinanderdrängen, umso wundervoller. Perlmuttfarbenes Fell, silberne Mähnen und goldene Hörner schimmern in den wenigen Sonnenstrahlen, die das dichte Blätterdach hoch über uns hindurchlässt.

Ich muss nicht lange suchen, dann habe ich den Leithengst erspäht.

Vorsichtig stehe ich auf, um Turien nicht zu wecken. Dann beuge ich mich zu den Einhörnern an meiner Seite hinab, zu jedem einzelnen, und flüstere ihm zu: "Thank you so much for saving us. For keeping us warm at night. **For watching over us** and letting us sleep at last. I will do my best to understand what has happened. To help you. To find a way – for all of us. For a brighter tomorrow. I promise."

In ihren Smaragdaugen erkenne ich, dass sie mich ebenso verstehen, wie Albion es tut. Ob es hier noch

lebende Elfen gibt, die sie die Sprache lehren? Oder ob ihnen dieses Wissen einfach angeboren ist? Vielleicht werde ich auch dies eines Tages erfahren.
Mit neuem Mut nähere ich mich dem Leithengst, und dort finde ich auch Pixie.
Beide, Einhorn und Kobold, scheinen in ein stummes Zwiegespräch vertieft. Sie stehen einander gegenüber – der Kobold auf dem Rücken eines anderen Einhorns – sehen einander an, ohne ein Wort zu sprechen, und nicken hin und wieder, schütteln vehement roten Haarschopf oder silberne Mähne oder schnauben empört oder fassungslos.
Zu meinem Erstaunen freue ich mich aufrichtig, den kleinen Kobold wohlauf zu sehen.
Ich warte höflich in einigen Metern Entfernung, bis die beiden mich bemerken, von selbst ihr stilles Gespräch beenden und Pixie mich herüberwinkt. “Good afternoon, my human girl. I have already asked myself how it is that your **kind** have such short lives, and sleep for so much of them. I am **amazed** that you manage **to reproduce yourselves** in the short time you are **awake**.”

kind Art
amazed erstaunt
to reproduce yourselves euch zu vermehren
awake wach
that you are well dass es dir gut geht

“Good morning, Pixie. It’s nice to see you. And nice to see **that you are** alive and **well**. I’m really glad about that.”
Das macht ihn für einen Moment sprachlos, und mit Verwunderung bemerke ich, dass er ein ganz klein wenig

rot wird. Im Gesicht, um die Wangen. Also gut, dann kann ich jetzt zu den wichtigen Fragen übergehen: "Have you seen any ... elves?" Die Frage fühlt sich seltsam an, weil von ihrer Antwort so viel für mich abhängt. Und nicht nur für mich. Ich muss verstehen, was hier in diesem Wald geschieht. Muss es verstehen, wenn ich versuchen will, es zu ändern.

"I saw one yesterday. She seemed to be in something like a **coma**."

Ich schlucke die aufsteigenden Tränen hinunter, als ich mich an die Elfenmutter mit ihrem Kind erinnere, deren Bild sich genauso unauslöschlich in meine Erinnerung gebrannt hat wie das jener hölzernen Tafel, auf der Ravi den Tod meiner Eltern als Warnung hinterließ.

Doch ehe ich nachhaken kann, besinnt sich Pixie eines Besseren und fügt hinzu: "It seems that these unicorns here are the last **defence against** something that **is controlling** the whole wood. They cannot **name** it; they just call it 'the **evil** spirit of the forest' which came and changed everything. None of them **has left** the forest **since** it happened, many years ago. None of them – **except for** one foal every fifty years. They **hoped** that the foal would **make it** through the woods. As long as his magic was not yet awake, it could not be sensed **by** the

coma Koma
defence Verteidigung
against gegen
is controlling kontrolliert
name beim Namen nennen
evil böse
has left hat verlassen
since seit
except for außer
hoped haben gehofft
make it es schaffen
by von

evil thing out there. None of these foals returned – except for Albion. And, of course, the unicorns need my help. And you ... you can come with me, if you like."
"Hm", sage ich und merke, wie die Verzagtheit erneut nach mir zu greifen scheint. Ich kann nicht mit den Einhörnern sprechen. Ich meine: Sie können mir nicht antworten. Und dem, was Pixie sagt, traue ich nicht genug. Was die Einhörner zu sagen haben, ist wichtig für uns. Und wenn ich Pixie bäte, mir ihre Antworten zu übersetzen, könnte ich sie nicht überprüfen und würde vielleicht falsche Schlüsse aus dem Gehörten ziehen.
Was soll ich tun?
Ich muss versuchen, selbst mit den Tieren zu "sprechen". Vorsichtig und in unterwürfiger Haltung nähere ich mich dem Leithengst der Herde, warte ab, bis er meine Unterwerfungsgeste mit einem stolzen Schnauben annimmt, und richte mich erst dann wieder zu voller Größe auf.
Vorsichtig nehme ich den mit Luftlöchern versehenen Lederbeutel von meinem Hals und werfe einen besorgten Blick hinein. Die Elfenfeuerblume ist noch dort – und trotz des gestrigen Tages, trotz der übereilten Flucht und meinem tiefen, traumlosen Schlaf, den sie an oder unter meinen Körper gepresst überdauert hat, ist sie noch genauso schön wie in jenem Moment in der Feuerschlucht, als ich ihre Wurzeln vorsichtig von dem steinigen Untergrund gelöst habe.
Habe ich es zuvor nur geahnt, so weiß ich es jetzt: Diese Blume ist voller Magie. Mein Blick fällt auf meine

Hände, und mit Verwunderung stelle ich fest, dass die Schwellungen von den Stichen der Nightmares verschwunden sind. Nicht nur an meinen Händen, sondern am ganzen Körper. Nichts juckt mehr oder spannt. Nichts schmerzt mich. Fragend blicke ich von meinen unversehrten Händen zu dem Leithengst und von dort zu Pixie.

Der Kobold grinst. "Unicorn magic. They healed you tonight. Of course they did. They wanted to do me a **favour**."

Ich gehe nicht auf die Prahlerei des Kobolds ein und wende mich wieder dem Hengst zu, während ich die Elfenfeuerblume aus dem Beutel ziehe: "I have to thank you again with all my heart. Albion wanted us to bring this flower to the elf wood. We have done it. Now we are here, the flower is here, and we need your help. We do not understand what has happened. We need to know what to do. How to help you ... and **ourselves**. How to stop ..." – mit einer weiten Handbewegung deute ich auf den Wald außerhalb der Hecke, auf das Dornengestrüpp, den Himmel, der die Sonne verdeckt – "... this. Can you help us?"

favour Gefallen
ourselves uns selbst

Als ich die Elfenfeuerblume aus dem Beutel gezogen habe, hat sich etwas in den Augen des Hengstes verändert. Es ist, als fiele die Last vieler Jahre von ihm ab, ließe ihn wachsen, Stück für Stück, und erreichte schließlich seine Augen, die klar werden und strahlend. Er wartet, bis ich zu Ende gespro-

chen habe; das Spiel seiner Ohren zeigt mir, dass er mir aufmerksam zuhört und mich versteht.
Als ich geendet habe, wirft er seinen Kopf zurück, steigt auf die Hinterbeine und schreit, wie ich noch nie zuvor ein Pferd habe schreien hören. Sein Schrei hallt weithin durch den Wald, erzählt von Schmerz und unendlichem Leid, von der Weite der Steppe, der Freude an der Bewegung, dem Licht der Sonne. Es ist ein Jubelschrei und zugleich ist er voller Sehnsucht. Als der Schrei endet, dringt ein vereinzelter Sonnenstrahl bis auf den Grund des Waldes durch, berührt das goldene Horn des Leithengstes und lässt es strahlen wie eine Fackel. Er bleibt noch einige Wimpernschläge lang nahezu still in der Luft stehen, einem Falken gleich, als sauge er die Kraft des Lichtes in sich auf. Dann steht er wieder vor mir, hoch erhobenen Hauptes, ein Sinnbild des Lebens und darin so ähnlich der Blume in meinen Händen, dass ich mich selbst ganz klein fühle.
Der Hengst hat seine Herde zusammengerufen, und nun kommt sie, schart sich um ihn, betrachtet mich und die Elfenfeuerblume in meinen Händen, und an jedem der Tiere bemerke ich die gleiche Veränderung. Was auch immer diese Pflanze noch bewirken kann, eines hat sie bereits getan: Sie hat den Einhörnern des Elfenwaldes die Hoffnung zurückgegeben.
"Tara! Tara!", platzt Turiens aufgeregter Ruf in die andächtige Stille. "Look over here – come and see what I've found!"

Mein Bruder steht am äußeren Rand des Steinplateaus. Einem Ort, an dem – ich erinnere mich – besonders viele der Tiere dicht beieinander standen, ehe der Leithengst sie rief. Ich werfe dem Hengst einen fragenden Blick zu, und er stupst mich aufmunternd mit der Nase an, als wollte er sagen: Dort findest du die Antwort, um die du mich gebeten hast.
Neugierig laufe ich zu Turien hinüber, während Pixie sich aus dem Nichts wieder auf meine Schulter gezaubert hat. Er wird besser darin, die Luft zittert nicht mehr. Er ist einfach binnen eines Wimpernschlages am einen und dann an einem anderen Ort. Ob es die Nähe zu den Einhörnern ist, die ihm Kraft gibt? Oder hat die Zeit im Waldspinnenkokon ihm doch mehr zugesetzt, als ich vermutet habe?
Vielleicht werde ich ihn eines Tages danach fragen – und vielleicht, so denke ich lächelnd, wird er mir sogar antworten.
Turien hat den Einstieg zu einem Gang entdeckt, verborgen in einem niedrigen, an der Umfriedung am Boden reich verzierten Brunnen.
Für ein Pferd oder ein Einhorn ist der Einstieg zu klein, aber ein Mensch, selbst ein großer, passt hindurch. Oder ein Elf.
Ich klettere kurz entschlossen hinein und staune mit Pixie um die Wette. Vor uns liegt ein Gang, der kunstvoll aus reinstem Kristall geformt ist, ganz so, als sei das Kristall selbst zumindest für eine kurze Zeit in jemandes Händen wie Wachs gewesen. Es ist nicht dunkel

hier, das Kristall scheint aus sich selbst heraus sanft zu leuchten. Es ist wunderschön.
"I remember this **doorway**", krächzt der Kobold auf meiner Schulter rau, "of course I do. But the entrance looked so different when I saw it last. There was ..." Er verstummt.
"Where will it lead us?"
Pixie schluckt, setzt zweimal an, und nun versetzt er mich in Erstaunen, weil ich zu verstehen glaube, dass es Tränen sind, gegen die er ankämpft. Mein Herz wird ganz warm, am liebsten möchte ich ihn in den Arm nehmen und trösten. Aber ich ahne, wie seine Reaktion sein wird, und reiße mich zusammen, streiche ihm nur sanft, wie zufällig, über die Hand, während ich ein widerspenstiges Haar hinter die Ohren zu stecken vorgebe.

doorway Eingang
palace Palast
is left übrig geblieben ist
rebuild wieder aufbauen

"To ... to the ... **palace**", flüstert er schließlich. "It will lead us to the palace. Lekastes' palace. Or ... to what **is left** of it."
"Thank you", sage ich. "Thank you, my friend. We will go there together. We will see what is left and we will **rebuild** it. We will stop what is happening, the three of us. Won't we?" Nicht nur für die Elfen. Nicht nur für unser Leben. Auch für meine Eltern – und für ihre Seelen, die in diesem toten Wald unmöglich überleben können.
Wo auch immer er sein mag, der Garten zwischen Licht und Traum – so wird er nicht bestehen können. Oder

schon lange erloschen sein. Der Gedanke schmerzt. Schnell schiebe ich ihn fort.
Es ist still auf meiner Schulter. Dann schnieft es aus tiefster Seele, und ein feuchter Klumpen grünen Rotzes segelt knapp an meiner rechten Hand vorbei zu Boden auf den schimmernden Kristall. "Of course", schnieft Pixie. "Of course we will."

The Palace

Die Einhörner heißen unseren Entschluss gut, drängen uns fast, weiterzugehen. Kurz wird mir Angst, als ich verstehe, wirklich verstehe, dass auch Albion uns nun nicht mehr wird folgen können. Auch er passt nicht durch den Gang. Was, wenn der Wald erneut zum Leben erwacht? Wie sollen wir uns ohne Einhornmagie schützen gegen Ranken und Sporen und Arme aus Holz?

Aber dann gewinnt die Jägerin in mir erneut die Oberhand, ich wäge unsere Chancen ab und stelle fest, dass unsere ganze Reise von Anfang an unmöglich war. Trotzdem sind wir schon so weit gekommen – warum also sollten die Ancient Spirits uns nicht auch weiterhin hold sein? Nicht zuletzt glaube ich, etwas verstanden zu haben: Es ist das Holz, das "the evil in the wood" kontrollieren kann. Dieser Gang aber – und auch das Plateau der Einhörner – ist aus Stein gefertigt. Wenn ich recht habe, kann das Böse uns hier nicht erreichen. Wenn ich mich nicht irre, haben wir diesen Ort, an dem wir sicher sind und an den wir im Notfall zurückkehren können – zurück zu Albion und den anderen Einhörnern.

Wir werden es wagen. Wir haben gar keine andere Wahl. *The time has come. We will change the world.*

Ja, denke ich, wenn jemals jemand eine Chance hatte, die Welt zu verändern, dann sind es wir. Denn niemand vor uns ist so weit gekommen.

Dann halte ich inne. Niemand vor uns. Tatsächlich. Keines der Fohlen, die den Wald verließen, kam je zurück. Meine Eltern haben die Lichtung der Einhörner nicht erreicht. Und ich bekomme erstmals eine Ahnung, wie sie wirklich gestorben sind: umschlossen von Lianen und Dornen, zerrissen von Armen aus Holz. Schnell schiebe ich den Gedanken fort. Ich werde sie rächen. Ich werde es besser machen. Ich bin Tara Steppenkind, Schwester von Turien und Tochter von Andra und Kian, die einst die besten Jäger unseres Stammes waren. Ich werde an ihrer Stelle siegen. Nein, verbessere ich mich. Nicht ich. Wir. Und dann hole ich die Elfenfeuerblume aus ihrem Beutel und tue etwas, das ich schon längst hätte tun sollen: Ich gebe sie Turien.

Ihn hat Albion erwählt, und er wird wissen, was damit zu tun ist. Ich bin Schwert und Schild und Bogen. Turien ist Geist und Gesundheit und Magie. Ist ein Heiler, der einen wird, was zerbrochen ist.

Er lächelt mir dankbar zu, und ich erkenne, dass er schon lange Zeit vor mir verstanden hat. Und mich nicht gefragt hat, damit ich aus eigener Kraft über mich selbst hinaus und an meiner Erfahrung wachsen kann.

the way wie

"I love you for that, little brother. For **the way** you are", sage ich schlicht. Dann umfasse ich Speer und Messer fester und gehe hinein in den Tunnel, Pixie auf meiner Schulter.

"Will you show us the way?", frage ich den Kobold. "If you are not able to tell us what has changed in the

wood and why – will you still give us all the help and **support** you can?"
Ich frage Turiens wegen. Damit er versteht, dass etwas anders geworden ist zwischen uns. Turien versteht.
Und Pixie nickt. "Yes, my little humans. I ... promise."

support
Unterstützung

Der Gang endet in einer Halle, die so hoch und so alt wie der Wald selbst zu sein scheint. Pixie schnieft hörbar, aber Turien und ich staunen wie kleine Kinder. Wer in Jurten wohnt, dem ist sein Heim stets eher Höhle denn Palast, dunkel und nicht lichtdurchflutet wie diese Halle hier – immer noch. Das Kuppeldach ist hoch genug, sodass es die Bäume überragt und das Licht zumindest noch an dieser einen Stelle dem graugrünen Dämmer des Elfenwaldes zu trotzen vermag. An den Außenmauern liegen um den großen Lichthof in der Mitte Stockwerke übereinander, jedes einzelne hoch genug, als dass ein Riese darin wandeln könnte. Sicherlich zehn dieser Stockwerke erstrecken sich bis zur Decke hin, verbunden durch Wendeltreppen, die in ihrem Schwung und Glanz dem Horn eines Einhorns nachempfunden und auch wie riesenhafte Hörner geformt sind. Nach oben hin verjüngen sie sich leicht und berühren schließlich mit ihrer Spitze die Decke. Kostbare Stoffe fließen von dort herab, wehen leicht im schwachen Wind, silbern, golden und perlmuttfarben. Sicherlich hängen sie schon hundert Jahre hier, aber sie haben nichts von ihrer Leuchtkraft verloren – ganz so wie das Elfennetz an meiner Seite. Unzählige Statuen schmücken die Eingangshalle – Statuen von Elfen in allen nur erdenklichen Situationen: Elfen bei der Jagd, beim Tanz, bei der Handwerksarbeit, bei Malerei und Gesang, verliebt, trauernd, sterbend. Alte Elfen, junge Elfen, ein ganzer Elfenstaat. In einer der Statuen meine ich die Frau und ihr Kind aus dem kleinen Pavillon wiederzuerkennen. Ob hier in der Palasthalle eine Statue für jeden Elfen steht, der einst hier in den Wäldern lebte?

"The **statues** are **born** when the elves are born", sagt Pixie, und jetzt bin ich mir fast sicher, dass er tatsächlich in meinen Gedanken gelesen hat. Es stört mich nicht. Nicht mehr. "They **grow up** with them, they **mirror** their lives in every **detail**, they grow old with them, die with them. Elves do not live longer than about one hundred years. Which is not that long, of course. But **still** ... quite a long time."

"So ... are the statues **somehow connected to** the elves? Are they a **part** of their life? Of their soul maybe? **Surely** that would mean that the statues would have ... somehow ... disappeared, if all of these elves died one hundred years ago? And if the statues are still here ... does that mean that the elves are ... are somehow ... still alive?", fragt Turien.

statues Statuen
born geboren
grow up werden erwachsen
mirror spiegeln
detail Einzelheit
still immerhin
somehow irgendwie
connected to mit ... verbunden
part Teil
surely sicher

Auf diese Idee bin ich noch nicht gekommen, und an der Reaktion des Kobolds sehe ich, dass es ihm nicht anders zu ergehen scheint. "Maybe", sagt er leise. "Maybe you are right, little human boy."

"Do you think", frage ich, "that the nightmares that haunted us ... could they be the nightmares of these elves? Which have somehow become ... **tangled** and **frozen** by these ... evil **tendrils**? Perhaps the nightmares **have collected** over hundreds of years, and with **no one** alive they could not fly back?"

tangled verknotet
frozen erfroren
tendrils Ranken
have collected haben sich gesammelt
no one keiner
right from the start von Anfang an

Jetzt nickt der Kobold auf meiner Schulter, entschlossener noch, fast schon überzeugt. "You might be right too, little human girl. That's how it could have happened. Of course it is. I thought this **right from the start**, when we were walking through the woods."

"Of course you did", sagt Turien und nimmt damit den unvermeidbaren Nachsatz des Kobolds vorweg, und auch mein Bruder erntet dafür einen erstaunten, anerkennenden Blick aus großen Butterblumenaugen.

"Which one is Lekastes?" Ich habe bereits Ausschau gehalten und auch eine Figur entdeckt, bei der ich darauf hätte schwören können, dass sie und keine andere die Königin sein muss. Doch ist diese Statue in keiner Weise erhöht, ist nicht größer als die anderen oder sonstwie hervorgehoben.

Wieder habe ich den Eindruck, der Kobold habe meine Gedanken gelesen, denn er antwortet, ohne zu zögern: "You are right. I'm **surprised** that you **recognized** her straight away. **Impressive**, isn't she? Of course, I know some impressive people, too, even if some of them are humans. Of course I do."

surprised überrascht
recognized hast erkannt
impressive beeindruckend
toady Schleimer
overview Überblick

"You **toady**", sage ich, meine es aber nicht so und weiß, dass er es weiß. Auf irgendeine Art sind wir Freunde geworden, dieser grantige kleine Mann und ich. Und gerade jetzt, wo Stormwind fort ist, fühlt es sich gut an, nicht allein zu sein.
Doch schon schäme ich mich meiner Gedanken. Ich bin nicht allein, Turien ist an meiner Seite. Und dass wir Albion zurückgelassen haben, muss ihn ebenso bekümmern, wie mich der Verlust Stormwinds bedrückt.
Mein Bruder überrascht mich einmal mehr, als er nun, wie aus tiefem Schlaf erwacht, den Kopf hebt und mich und Pixie mit vor Entschlossenheit blitzenden Augen anfunkelt. "We can't stay here all day", sagt er ernst. "We somehow need ... an **overview**. We must take a look at everything before we decide what to do. Maybe we'll find something that ... that ... must be done."
"So we have to climb up", stellt Pixie fest und fügt hinzu: "There is a platform up there. We'll be able to see everything from the roof. How nice that the old Pixie has someone to take him up there."

Ich knuffe ihm lachend in sein spindeldürres Bein, dann gehen wir hinüber zur nächstgelegenen Wendeltreppe. Etage um Etage erklimmen wir den Palast, und jede Etage offenbart uns neue Wunder. Die eine ist in den Farben des Mondes gehalten, die nächste in denen der Sonne, eine weitere in denen der Erde und so weiter und so fort. In jeder Etage stehen prachtvolle Himmelbetten mit gewundenen hölzernen Säulen, deren Vorhänge samt und sonders geschlossen sind.
"Can we take a look?", frage ich.
Doch Pixie treibt uns zur Eile: "I wouldn't do that. Time is not **infinite** in your world, little humans. We must hurry, go further, up there. See. Understand. And then decide what to do."
Und wir gehorchen.
In der sechsten Etage dann möchten wir am liebsten umkehren, Turien und ich. Denn dort beginnen die Wände des Palastes, rissig zu werden. Ranken haben sich hindurchgezwängt, schlängeln und züngeln sich über den Boden und scheinen auf jedes Geräusch zu reagieren. Vorsichtig steigen wir über sie hinweg, leise, ganz sacht. Schlaft nur, schlaft. Hier ist nur der Wind.

infinite unendlich

Der Ausblick vom Dach des Palastes raubt uns den Atem. Hier ist es warm, hier ist es hell, und jede Faser meines Körpers erwacht zu neuem Leben. Der Elfenwald erstreckt sich weit zu allen Seiten hin, über ihm liegt der graugrüne Schleier und schluckt das Sonnenlicht. Nur an einem Punkt schimmert es silberhell – der Ort, an dem die Einhörner auf uns warten. Albion. Und hinter dem Wald – die Steppe. Mein Herz springt vor Freude. "Look, Turien, look, Pixie! How beautiful it is!", wispere ich.

"Do you think that Stormwind is still over there?", fragt Turien und deutet auf die Steppe, deren sattes Grün mir aus der Ferne wie das Paradies erscheint. Ich horche in mich, spüre: Ja, er ist noch dort. Sammle meine Gedanken und sende sie dann mit all meiner Kraft gen Norden, hinab zu meinem Seelenbruder: I'm still here! I'm alive! **I'm fine**! We will meet again!

I'm fine. Mir geht's gut.
miles Meilen
grumbling mürrisch
spare erspare

"Do you think ..."

"... that he has heard your call?", beendet Pixie meine Frage, und ich nicke. Und dann macht er mir ein Geschenk, indem er sagt: "I don't think so, young human girl. I know it. My eyes are better than your eyes, and my ears can hear everything for many **miles**. Of course they do. So you can believe me when I tell you that this was his answer: 'I'll be fine as long as you are well, my soulmate. I will wait for you.'"

Da nehme ich den kleinen Mann von meiner Schulter, sehe ihm in die Augen, streiche ihm sanft über das runzlige Gesicht und küsse ihn auf die Wange. "You are very special", sage ich. "A very special kind of **grumbling** old pixie. And now: do me a favour and **spare** me the details of how you don't want me to be kind to you. You'll have to accept it. I just want you to know."

In seinen Augen kämpfen Schalk mit Erstaunen, Erkennen, Freude und Zorn. “You shouldn’t have done that”, sagt er leise, sodass nur ich es hören kann. “And you will learn soon enough the reason why. But now ...”, und mit diesen Worten wird seine Stimme lauter, dass auch Turien ihn verstehen kann, “now I have to show you something that will **replace** hope with despair. Take a few steps closer to the **edge** and look down.”
Turien und ich tun, wie uns geheißen. Legen uns flach auf den Bauch, robben an den Rand der Plattform und sehen hinab. Weichen auf der Stelle zurück, schnappen nach Luft.
Nun spüren auch wir es. Dort unten, im Garten des Palastes, steht ein Baum. Er ist schwarz wie die Nacht und seine höchsten Äste reichen hinauf bis fast zur Hälfte des Palastes. Sein kalter Atem aber reicht bis hinauf in mein Herz.
Es ist Turien, der dem Grauen einen Namen gibt: “A Treemare. I should have known it. Right from the start. The dead woods. The despair. The spider on the steppe. A Treemare, sister.” Und dann, als habe sein Tonfall nicht bereits alles gesagt, fügt er hinzu: “It must be about a hundred years old. All we’ve learned was about younger Treemares. About smaller Treemares. And what the healers’ songs told us and what we learned from the old healers was: you cannot survive a Treemare. You’ll never heal the **wound** it gives you. The only defence against it is **purity**.

replace ersetzen
edge Rand
wound Wunde
purity Reinheit

But purity can almost never be found in a world where nothing is **perfect**. We cannot survive. We can jump down now and fall to our deaths, or we can die **in the attempt** to do **the impossible**. It makes no **difference**, Tara. We cannot survive. We can only **fail**."

Ich sehe ihn aufmerksam an. Wir Jäger haben unsere eigenen Lieder, und ich habe noch nie von einem Treemare, einem Baumdämon, gehört. Aber ich bin eine Jägerin, eine Kriegerin. Ich bin der Speer und das Schild und ich habe gelernt, dass wir auf jede erdenkliche Art sterben können, nur auf eine nicht: als Feigling.

perfect perfekt
in the attempt bei dem Versuch
the impossible das Unmögliche
difference Unterschied
fail scheitern
not anything nichts

"Then we'll die in the attempt, my brother", sage ich. "Or we will win – and survive."

Er nickt matt. Meine Zuversicht erreicht ihn nicht. Langsam steigen wir die Treppen wieder hinab, vorsichtig, leise, Schritt für Schritt, blind für die Schönheit, die einst diesen Ort erfüllte. Und dann, ausgerechnet in der sechsten Etage, dort, wo die Wände Risse haben und die Dornenranken hereingebrochen sind, mache ich einen riesigen Fehler: Aus Neugierde und Gedankenlosigkeit, aus Sehnsucht nach Ruhe und Vergessen vielleicht, lüfte ich einen der Schleier, der die unzähligen Himmelbetten umschließt, die in jeder der Etagen stehen.

"No", schreit Pixie. "Do**n't** touch **anything**!"

Aber es ist schon zu spät.

Ich habe ein leeres Bett erwartet, aber was mir entgegenblickt, ist ein Elf. Das Gesicht schmerzverzerrt, erstarrt, die Augen weit aufgerissen, voller Flehen. Die Dornen haben sich ihm direkt durch das Herz gebohrt. Da kann ich nicht mehr an mich halten. Ein hoher Ton schwillt an in mir, füllt mich ganz aus, bricht aus mir hervor, schrillt neben mir, über mir, um mich herum. Ich schreie und schreie und mein Schrei klingt tausendfach wieder von den hohen Wänden.
"Stop it!", ruft Pixie verzweifelt. "Be quiet!"
Die Ranken erwachen. Wie giftige Nattern heben sie ihre Köpfe, zischeln, winden sich, nehmen Witterung auf – und schnellen dann auf uns zu. Fallen wie Lianen die Brüstung herab, schlingen sich um unsere Fesseln, unsere Arme, unsere Hälse.
Wir stürmen zur Treppe – hinab, hinab. Und rennen um unser Leben.

The Treemare

Die Ranken verfolgen uns. Wir schlagen Haken in der großen Säulenhalle, verstecken uns in Nischen und hinter Statuen und Säulen, warten, schleichen weiter.

"Come over here!", dirigiert mich Pixie, mein Haar wieder wie Zügel in den Händen. "Hurry!"

Plötzlich habe ich das Gefühl, sie haben unsere Spur verloren. Noch immer höre ich sie raschelnd über den Steinboden scharren. Hier, in direkter Nähe des Treemare, sind sie stärker. Ihre Wurzeln ruhen außerhalb des Gebäudes, sind vielleicht sogar ein Teil des Treemare selbst. Uns bleibt nicht viel Zeit.

In der untersten Etage ziehe ich Turien zurück in den Kristalltunnel. Pixie keucht an meinem Ohr.

"What can we do?", frage ich ihn. "Please, Pixie, tell us – what can we do?"

Wir brauchen einen Plan. Wir können nicht einfach nach draußen stürmen und wahllos auf den Treemare einschlagen. Was heißt hier "wir"? Ich kann es nicht. Ich kann es nicht allein tun. Es muss einen Sinn haben, dass wir drei hier sind. Runas Prophezeiung – *heir of myth and heir of sorrow.* Das könnten Albion und ich gewesen sein. Oder Albion und Turien. Wir müssen nachdenken, unser Wissen zusammentragen, es ordnen. Es muss einen Weg geben. Irgendeine kleine Chance. To change the world.

"Hurry!", zische ich. "We need a plan. Something that will kill the Treemare, or at least make it go away. Think!

Think about all the things we know. What happened? What do we know? What do we have to do?"
"All right", beginnt Turien. Auch er spürt, dass wir am Ende unseres Weges angekommen sind. Es nützt nichts, den Kopf in den Sand zu stecken und zu warten. Wir können nur handeln – und dabei siegen oder untergehen. Unsere Chancen so gut wie irgend möglich zu nutzen, das sind wir allen schuldig: den Einhörnern, die hier so lange ausgeharrt haben, den Elfen, unserem Volk, uns selbst.
Turien streicht sich das Haar aus der Stirn, schiebt es sich hinter die Ohren, strafft sich. Er ist älter geworden in den vergangenen Tagen. Das Kindliche, Weiche ist aus seinen Zügen verschwunden und ist Entschlusskraft und innerer Stärke gewichen, die ich so an meinem kleinen Bruder nicht kenne. Es macht mich traurig und zugleich unendlich stolz. "All right", wiederholt er. "What happened? We don't know that exactly."
Aus den Augenwinkeln sehe ich, wie Pixie kurz erstaunt die Brauen hebt. Offenbar ist er mit Turiens Worten nicht einverstanden, schweigt aber.
Mein Bruder fährt fort: "For a reason we do not know, this Treemare came to the elf wood. It **settled** in the garden of the elf princess Lekastes' palace. I don't know how this could happen. From all I know about Treemares, they **can't stand** purity. From all I know about elf and unicorn magic, theirs is a **pure** kind of

settled hat sich niedergelassen
can't stand können nicht ausstehen
pure reine

magic. I suppose this magic must have been very strong near the palace. Anyway – it happened. The Treemare came, somehow **defeated** the elf-magic, and changed the garden and the elf wood into what it is now. The Treemare turned **living** green into **deathly** grey, and soon controlled the whole forest. I think it **must have taken over** the wood very fast. I think it probably **planned** it, and then **took over** in just one night."

Ich höre ihm gespannt zu, und was er sagt, erscheint mir richtig. Langsam fügt sich ein Bild in meinem Kopf. Er ist ein guter Zuhörer, mein kleiner Bruder, und ein klarer Denker. "In one night? Why do you think that?"

"Because of the elves we have found here. We found them in their beds. The elf-woman in the **pavilion** was still feeding her baby – she hadn't even sensed the danger. It must have been night, and they were not **prepared** to fight."

"That sounds **logical**", stimme ich zu. "**Go on.**"

"In that one night the Treemare **put** all the elves **to sleep**. But for some reason it couldn't do the same to the unicorns. I think I know why. As far as I know, a Treemare cannot **break** a **bond** made

defeated hat besiegt
living lebendiges
deathly toten-ähnliches
must have taken over muss in seine Gewalt gebracht haben
planned hat geplant
took over hat in seine Gewalt gebracht
pavilion Pavillon
prepared vorbereitet
logical logisch
Go on. Weiter.
put to sleep hat in Schlaf versetzt
break brechen
bond Band

from the heart, of someone's own free will. The unicorns had this kind of bond with the elves. They are ..."
Sein Blick wandert zu Pixie, und er blickt ihn fragend an, während er weiterspricht: "The unicorns don't belong here. They came from a different world. From **fairyland**. **Just like** the pixies ..."
Der Kobold sieht ihn aufmerksam an, in seinem Greisengesicht spiegeln sich Anerkennung und Furcht. Wovor fürchtet er sich? Ich habe noch nie eine Anwandlung von Furcht an ihm entdecken können.
"Well **spoken**, Turien, human son. You are right. Creatures like unicorns and pixies like me don't usually belong in your world. But we don't belong in the fairy world either. It is ..."
Ich merke, wie Unruhe ihn erneut überkommt. Wie das Konzentrieren ihm schwerfällt, wie er auf und ab trippelt, den kleinen Kopf unruhig hin und her wirft. Instinktiv greife ich nach seiner Hand. Kurz wirkt er brüskiert, dann lässt er es geschehen. Und wird ruhiger.
"Many creatures are born with a destiny. In the moment when they are born, their future is sealed. Humans, **for example**. We are not that kind, pixies and unicorns and all the other creatures of the fairy world. We are free to decide what to do. Which also means that we must **seek** our destiny ourselves."
Ich sehe ihn mit großen Augen an. Ich muss an Runas

fairyland Feenwelt
just like genau wie
spoken gesprochen
for example zum Beispiel
seek suchen

Worte über Turiens Schicksal denken. Dass er nicht sterben wird, weil sein Schicksal schon geschrieben ist. Denke darüber nach, wie es sein muss für Wesen wie Pixie. Denn kein Schicksal zu haben, das bedeutet vielleicht auch: keine Heimat zu haben.

Er wendet den Kopf, sieht mich an, grinst. "You may be right", sagt er. "But we can change it. If we find someone who can accept us as we are ..." Er schüttelt den Kopf, bricht ab, setzt neu an: "The unicorns **bound themselves** to your world of their own free will. They decided to belong to the elves. The elves can use magic, but your **knowledge** is not quite **correct**, human boy. **Unlike** unicorns, elves are not pure magical creatures. They are bound to your world. They live a long life, in comparison to humans, but one day they die."

bound themselves haben sich gebunden
knowledge Wissen
correct richtig
unlike anders als
unless außer wenn
by indem
behind hinter sich
forever für immer
mermaids Meerjungfrauen
gave up haben aufgegeben

"And pure magical creatures ...?", frage ich.

"Pure magical creatures do not die **unless** they are killed – by others or by themselves. Or unless they decide to die of their own free will – **by** leaving their old world **behind**. Which means: they choose to change their form, their whole being, **forever**. By becoming an elf. Or a human, for example. Maybe you know the stories about the **mermaids**. It wasn't good for them to love humans. They **gave up** everlasting life to be with their loves for a few short years. They gave up **eternity** so they could marry a human. The Treemare too belongs to our world. To the world of pure magical creatures. Although it has decided to turn its pure magic from light to dark. It cannot influence creatures of its own kind – like the unicorns. That's why they are still here."

Ich bekomme eine Gänsehaut. "Did I understand you correctly? The unicorns waited years in this place, just ..."

"Of their own free will, and to fulfil their chosen destiny. Yes."

Ich fühle mich plötzlich klein und schwach. Menschlich. Und bin zugleich stolz, weil ich etwas verstanden habe: Wir Menschen, so klein und unbedeutend wir auch sein mögen und so schwach unser Wille auch sein mag – wir sterblichen Wesen können diesen stolzen und starken Kreaturen ein Anker sein. Wir verstehen so wenig, unser Geist ist so klein, weil unser Leben stets auf das Heute gerichtet ist. Wir denken nicht in Äonen, wie die Unsterblichen es tun, und das macht uns in ihren Augen blind. Aber trotzdem lieben sie uns, sind bereit, ihr Leben für uns zu geben. Und wenn wir ganz genau hinhören und hinsehen, wenn wir verstehen, was wir sind und sie genauso hoch achten wie sie uns, dann können auch wir das Richtige tun.

eternity Ewigkeit

Fragend sehe ich Pixie an. Es ist unerheblich für ihn, ob ich denke oder spreche. Er zwinkert mir zu – und nickt.

Turien greift den Faden wieder auf. "So that's why the unicorns are still here. They stayed here all the time. And every fifty years they sent out a foal. Not one of them came back – except Albion. He brought us to the elf wood."

shall werden

"Us – and the elf-fireflower."

Turien nickt. "Yes. The elf-fireflower. So let's put all these things together. We are here. We are a steppe-huntress, a pixie, an elf-fireflower and a steppe-healer. That much we know. But how can we fight this Treemare? We have to understand how the Treemare came here. There's no other way."

Fragend sehe ich Pixie an. "Turien said that we do not know what happened. Do you?"

Aber Pixie ist offensichtlich gekränkt, verletzt, fast wütend. "Humans!", zischt er. "Ears to hear. To listen. To understand. Eyes to see. But still they cannot put the pieces together. If you could only ..." Er unterbricht sich, entzieht mir brüsk seine Hand, dreht sich um und deutet auf den Eingang zur Halle des Elfenpalastes. Als ich sehe, was er meint, verstehe ich, dass er die ganze Zeit gewusst hat, was ich erst jetzt mit Schrecken erkenne: Die Ranken haben uns gefunden, winden sich um das Eingangstor, verschließen es. Wir haben keine Zeit mehr. Wir müssen zurück in den Palast, ehe uns der Weg ganz versperrt ist. Das Übel ist dort – vor uns, nicht hinter uns bei den Einhörnern und ihrer Zuflucht.

Ich renne los, ziehe mein Messer.

"But what **shall** we do?", schreit Turien mir hinterher.

"Fight!", rufe ich zurück. "Fight for our lives! Stay close behind me, brother! And think harder. Find the **missing link**. I'll try to give you time."
Uns bleibt keine Zeit mehr. Wenn es stimmt, was Pixie sagt, wenn wir im Grunde alles Wissen haben, das wir brauchen, dann wird es Turien einfallen. Einfallen müssen. Etwas, das wir überhört haben. Das wir bereits wissen, ohne es zuordnen zu können. Das wir tun sollen, tun müssen. Etwas, das Pixie uns nicht sagen kann.
Und mit dieser kleinen, verzweifelten Hoffnung im Herzen stoße ich den Kampfschrei der Steppenjäger aus und werfe mich in die Schlacht. Ein Mädchen, noch nicht einmal eine Frau, im Kampf gegen einen Dämon. Der Gedanke macht mich schwindeln, und ich schiebe ihn fort. Ich hacke die Ranken beiseite, schreie, zerschmettere Holz, spüre nicht den Schmerz, der durch meine Glieder schießt, als die Ranken sich in meine Haut graben, reiße sie heraus, hacke weiter.
"Faster!", ruft Pixie auf meiner Schulter Turien zu. "**Be careful! Duck!** To your left! Jump! **Turn right!**"
Wir schaffen es aus dem Durchgang heraus, Turien, Pixie und ich, und ich renne ihnen voran, hinaus in den Garten, der einst wunderschön gewesen sein muss und den gleichfalls Elfenstatuen säumen.
Der Treemare ist noch größer und Furcht einflößender jetzt, da ich ihm direkt gegenüberstehe. Seine Borke ist schwarz mit grüngrauen Schlieren,

missing link fehlendes Glied
Be careful! Sei vorsichtig!
Duck! Duck dich!
Turn right! Nach rechts!

er schwingt seine mächtigen Äste wie riesige Schaufelarme, und die Ranken, die uns noch immer verfolgen, wachsen direkt aus seinem mächtigen, ekligen Leib. In der Mitte des Stammes, gut zwanzig Fuß über meinem Kopf, ist sein Gesicht. Seine Augen sind Schlünde, die sich wie Spiralen drehen, ein Strudel aus grünbraunem Schlamm. Der Mund ein tiefes, schwarzes Loch, zur Grimasse verzerrt. Ich weiß, dass er seine Kraft zurückhält. Er spielt mit uns, nimmt uns als Gegner nicht ernst. Vielleicht nimmt er uns sogar kaum wahr, Turien und mich. So wie er Albion kaum wahrgenommen hat, ehe seine Magie erwachte – und ihm so die Möglichkeit gab, zu entkommen. Hätten wir die Blume und Pixie nicht an unserer Seite, wer weiß ...
In diesem Augenblick macht es "Klick" in meinem Kopf. Natürlich: Ich selbst bin unsichtbar für ihn! Und auch Turien wäre es, wenn er die Elfenfeuerblume nicht in Händen hielte. Nur Pixie kann er sehen – und ihm kann er nichts anhaben!
"Give the flower to Pixie!", schreie ich meinem Bruder zu. "Hurry! Just do it!"
Turien gehorcht, und Pixie fängt die Blume auf, verschwindet von unserer Seite und erscheint kurz darauf neben dem Treemare auf einer kleinen Mauer. Augenblicklich lassen die Ranken von uns ab, konzentriert sich der Treemare nur noch auf den Kobold und die Blume in seiner Hand.
Turien keucht an meine Seite: "I know what it is! The missing link! Remember what Pixie told us about his

grandfather and Lekastes? What he told us about the elf-fireflower and the **lake** that **held** the inner strength and magic of the elf wood? The flower he **stole** and **took away** from the wood? There must have been a lake here somewhere! And we have to put the new elf-fireflower back into the lake!"

Ja, ich erinnere mich. Und plötzlich verstehe ich: Warum Pixie dort gewesen ist, in der Höhle, in dem Kokon. Er hätte sich selbst befreien können, hat es ja auch getan, mit einem kleinen Wink seiner Hand. Er hat dort auf uns gewartet. Er wusste, dass wir kommen würden. Und er hat entschieden, dass es sein Schicksal ist, uns zu helfen, uns die fehlenden Dinge zu zeigen, den Bogen zu spannen, einhundert Jahre zurück. Den Bogen, den wir niemals allein hätten spannen können. Er hatte recht: Wir haben nicht richtig zugehört. Wir haben ihn nicht ernst genommen, ihn in Gedanken als Quälgeist bezeichnet; wir waren selbstgerecht und blind. Und dann erinnere ich mich noch an etwas Zweites, das er gesagt hat: Wenn ich ihn nicht darum bitte, wird er mir nicht helfen. Und kann es vielleicht auch nicht.

"We are not allowed to influence your world by our own will." Waren das nicht seine Worte, in jenem gar nicht so fernen Damals, als er mir in der Steppe erklärte, warum er mir nicht geholfen hat in der Feuerschlucht? Was ich selbst tun kann, wird er mir nicht abnehmen.

lake See
held hielt
stole hat gestohlen
took away hat weggenommen

Ich muss ihn bitten, mir zu helfen. Aber wobei? Die Blume in den See zurückzuwerfen, scheint auch mir eine gute Idee zu sein. Aber hier ist kein See!
"Aber wo ist er, der See?", rufe ich Turien zu. "Wir hätten ihn vom Dach des Palastes aus sehen müssen, wenn er hier wäre."
Turien nickt, seine Augen fliegen über den Garten, während Pixie in halsbrecherischer Geschwindigkeit verschwindet, wieder erscheint und erneut verschwindet, während er den wuchtigen Schlägen des Treemare auszuweichen versucht. Lange hält er das nicht mehr durch, da bin ich sicher, denn sein Verschwinden und Erscheinen wird zusehends langsamer, er selbst durchscheinender. Und da erst verstehe ich, dass auch die Kräfte eines Kobolds Grenzen haben.
"By the Ancient Spirits", flüstere ich, "Pixie besteht aus reiner Magie. Wenn er zu viel dieser Magie einsetzt, zu viel zaubert ..."
"Zaubert er sich selbst zu Tode", flüstert Turien. "By the Ancient Spirits, Tara ... wir müssen uns beeilen! Denk nach, Schwester! Wir müssen den See finden!" Aber dann hält er inne und sein suchender Blick wird klar. "Oh, Tara, wir sind so blind. Schau, wir müssen nur die Stücke ineinanderfügen und sehen, was übrig bleibt. Dann haben wir die Lösung. Wir können den See nicht sehen, aber er muss hier irgendwo sein. Der Treemare hat die reine Magie des Elfenwaldes verändert, ihn krank gemacht. Das bedeutet, er muss sie berührt haben – von ihr getrunken haben!"

Natürlich! “Ich danke dir, Bruder”, wispere ich, und dann konzentriere ich mich, rufe nicht, sondern denke mit all meiner Kraft und spreche die Worte zugleich leise aus, damit auch Turien sie versteht und weiß, was er zu tun hat: “Pixie! Listen to me! You have to make the Treemare leave its position. The lake is **underneath** it. Then you have to come here, just for a few moments, to give Turien the flower. I will protect him. And please, try to keep the Treemare away from the lake while we try to put the flower back in. Help us! We can’t do it alone! Please!” Und dann füge ich, nur in Gedanken, hinzu: And take care of yourself, my friend. You were right. I didn’t listen. I’m sorry. Will you come back with us, will you come and live with us on the steppe? I would be **honoured** to have a friend like you. Ich hebe den Kopf, spähe zu ihm hinüber. Er hat mich verstanden. Er ändert nun seine Taktik, greift selbst an, statt nur auszuweichen, weicht dabei zurück und verstrickt den Treemare immer weiter in einen Kampf – ein kleiner Kobold gegen einen riesigen Dämon. Aber dabei bleibt es nicht. Ich kneife mich selbst in den Arm, als es geschieht, weil ich nicht glauben kann, was ich dort sehe, denn mit einem Mal wechselt der Kobold seine Gestalt, wird selbst zu einem riesenhaften Baum, umschlingt den Treemare, zieht ihn mit sich.

underneath unter
honoured geehrt

“By the Ancient Spirits”, keucht Turien. Aber ich schiebe meinen Bruder vorwärts – dorthin, wo der

Treemare sich nun auf seinen Wurzeln hebt und streckt – und sich fortbewegt von jener Stelle, an der er seit hundert Jahren gesessen und das Herz des Elfenwaldes getrunken hat. Turien hatte recht: Unter den Wurzeln des Treemare liegt der See, das Herz des Elfenwaldes!
Wie schlimm es um dieses Herz bestellt ist, sehe ich gleich, als wir näher kommen, vorsichtig, immer wieder den rudernden, weit ausholenden Ästen des Treemare ausweichend, der das Erdreich aufpeitscht, Elfenstatuen von ihren Sockeln fegt und Löcher in die Wände des Palastes reißt. Das Wasser ist brackig und riecht widerlich, von Reinheit und Schönheit ist nichts geblieben.
"The flower, Pixie! We need the flower! Now!"
Und der Kobold erscheint tatsächlich. Für den Bruchteil eines Wimpernschlages löst sich der zweite Baum auf, bleibt der Treemare allein zurück, und vor mir steht – ein Menschenjunge! Das lange, schwarze Haar weht im Wind der peitschenden Zweige, seine Haut ist dunkel, die Züge sind eben. Nur das Butterblumengelb seiner Augen erinnert noch an den Kobold, den ich kenne. Er lächelt mich an: "The flower. And my life. In your hands now, Tara, huntress of the steppe people." Er ist wunderschön. Dann nimmt er meine Hand, drückt sie kurz, reicht mir die Blume – und ist verschwunden.
Ich stehe still, starr vor Staunen, und dieses Mal ist es Turien, der mir das Leben rettet, als er mich zu Boden reißt. Nur knapp über unserem Kopf rauscht ein riesiger, schwarzgrüner Ast vorbei. Wenige Zentimeter nur, und er hätte meinen Schädel zerschmettert.

"Hurry!", rufe ich, nun wieder ganz im Hier und Jetzt. "Run, Turien, run!"
Ich kämpfe wie eine Löwin. Schlage Äste und Dornen beiseite, die der Treemare, der uns nun, da wir die Blume haben, wieder als Gegner wahrnimmt, auf uns niederfahren lässt. Ohne den Kobold, der ihn, nun wieder in Baumgestalt, noch immer umfangen hält, hätten wir nicht den Hauch einer Chance. Meine Kleider sind zerrissen, die Haut zerschunden, aber ich halte nicht inne, kämpfe weiter, immer weiter. Noch ein Schlag, noch ein Stoß. Dann sind wir heran, und Turien hechtet vor, um die Blume in den See zu werfen. In diesem Augenblick irrt mein Blick, wie von einem inneren Zwang angezogen, zu Pixie hinüber – zu dem Baum, der er jetzt ist. Er hat zusehends an Festigkeit verloren, ist durchscheinender geworden – und fällt.
"Noooo!", schreie ich, und der Treemare nutzt diesen Moment der Schwäche. Mit einem Kreischen fährt er herum, lässt ab von seinem Gegner, der immer kleiner wird und schließlich leblos am Boden liegen bleibt – ein kleiner Kobold, bleich, unendlich verletzbar plötzlich, die Augen geschlossen.
Noch ehe ich darüber nachdenken kann, was ich tun soll, schnellt der Treemare herum, fegen seine Äste mit aller Macht auf uns zu. Und ehe ich es verhindern kann, hat einer dieser Äste Turien umschlungen, hebt ihn hoch in den Himmel hinauf und beginnt erneut, sich wieder über den See zu schieben. Wie in Trance sehe ich zu, wie Turien laut aufschreit vor Schmerz, als er seine

von Dornen umschlungene Hand mit der Blume darin hochreißt. Und dann ist mit einem Mal Pixie an seiner Seite, fast nicht mehr sichtbar, das durchscheinende Gesicht voller Schmerz. Bei einer Geste seiner schemenhaften Hand fallen die Dornen von Turien ab.
Mein Bruder zögert keine Sekunde. Mit einem Hechtsprung stößt er sich ab und fällt, die Blume in Händen, den Kopf voran in den See hinab. Dass Pixie ihm hinterherspringt, ahne ich mehr, als dass ich es sehe.
Dann endlich fällt die Starre von mir ab, aber es ist zu spät. Mit lautem Schreien stürme ich vor, versuche das Unvermeidliche zu verhindern und vermag es nicht. Mit einem schmatzenden Geräusch und einem hohlen Lachen schiebt der Treemare sich erneut über den See, verschließt ihn mit seinem Leib. Seine Augen rollen. Mich beachtet er nicht mehr. Die Pfeile, die ich auf ihn abschieße, wieder und wieder, bis der Köcher auf meinem Rücken leer ist, bemerkt er nicht.
Turien und Pixie sind fort. Ich bin allein.

Rebirth

Ich schließe die Augen. Der Tod soll mich holen. Ich habe ihn verdient. Das Blut meines Bruders klebt an meinen Händen. Das Blut eines Freundes.
Mein Messer fällt zu Boden.
Lebt wohl, Andra und Kiran. Ich habe euer Andenken so lange in meinem Herzen getragen. Ich habe es versucht, aber ich bin nicht so stark, wie ihr es gewesen seid.
Leb wohl, Merle. Wir werden niemals mehr gemeinsam auf die Jagd gehen. Der Sternenhimmel sei nun dein.
Leb wohl, Stormwind, ich gebe dich frei.
Leb wohl, meine geliebte Steppe, leb wohl, mein Volk.
Turien, Pixie: Bitte vergebt mir. Ich habe versagt.
Den Kopf gesenkt, die Arme weit von mir gestreckt, stehe ich da, doch nichts geschieht, nichts verändert sich. Mein Herz schlägt weiter, stumpf, ohne Unterlass, ohne Ziel. Bum-bum. Bum-bum. Bum-bum.
In meinem Kopf erklingt ein Lied. Zunächst leise, dann lauter.
Ich habe es nicht gerufen, will es auch nicht hören, will mich lieber ganz und gar vergraben in dunkler Nacht. Doch wieder und wieder dringt das Lied in mein Bewusstsein, bis ich es nicht mehr verdrängen kann:

rebirth
Wiedergeburt

Heir of myth and heir of sorrow.
Always believe in a brighter tomorrow.
Where myth meets faith,
where strength meets silence,
they will change the world.
The time has come.
The time has come.
The time has come.

Bum-bum. Bum-bum. Bum-bum. Mit dem Takt meines Herzens kehrt langsam, Schlag für Schlag, die Wut zurück. Meine Hände ballen sich zu Fäusten, und da erst bemerke ich, dass ich den Speer noch immer in der Rechten halte. Meine Wut braucht ein Ziel. Die Wut auf mich selbst, weil ich hier stehe wie ein greinendes Kind, während mein Bruder und Pixie sterben.

runs fließt
veins Venen
beats on weiterschlägt
will surrender werde mich geschlagen geben
give in aufgeben

As long as the blood **runs** fast through my **veins**,
as long as my heart **beats on**,
I **will** not **surrender**, will never forget:
Don't **give in** until it is done.

Habe ich es nicht tausendfach gesungen, das Lied der Jäger? Habe ich denn nicht gehört, was Merle mir über Runas Vision am Thing erzählt hat, am ersten Abend der Reifeprüfung? Habe ich denn gar nichts gelernt?

Es ist genug. Jetzt.

Und dann, in einer einzigen, schnellen Bewegung, ducke ich mich, greife nach dem langschaftigen Jagdmesser zu meinen Füßen, hole weit mit beiden Armen aus, sehe dem Treemare direkt in die gierigen Strudel seiner schlammfarbenen Augen, ziele, werfe. Der Speer trifft ihn genau zwischen den Augen, das Messer trifft sein Herz.

Die Strudel seiner Augen werden schneller, drehen sich in die andere Richtung. Ich glaube zu ahnen, was geschieht. Er verliert Kraft, also braucht er neue. Er zieht diese Kraft aus dem See, über dem er hockt wie eine fette Kröte. Dort unten sind Pixie und Turien. Und die Elfenfeuerblume. Was der Treemare nun aufsaugt aus dem See unter ihm ist nicht länger Kraft. Es ist die Essenz der Elfenfeuerblume. *Purity*. Für den Treemare ist es Gift.

"Die!", fluche ich. "You **demon**, you **murderer**, die! And move away from the water! Do you hear me? You are dying! Move away!"

demon Dämon
murderer Mörder

Der Treemare ächzt und stöhnt, seine Borke birst, die Äste brechen. Aus großer Höhe klatschen sie herab, überall, immer schneller. Ich weiche ihnen aus, während ich vorwärtspresche, auf den Treemare zu. Ich werde ihn selbst von dort fortschieben, und wenn es das Letzte ist, was ich tue. Ein Sprung, und ich hänge an seiner glitschigen, stinkenden Borke. Wie verbranntes Fleisch pellt sie sich nun von seiner Haut, Schicht um Schicht, wirft mich immer wieder ab.

Ein tiefer, klagender Laut tönt aus seinem zahnlosen Mund, schwillt an, schwebt hoch über dem Wald. Ich kralle mich tief in das sterbende Fleisch, ziehe mich empor, bis ich an seinem Herzen bin. Reiße und fetze Rindenschicht um Rindenschicht fort wie im Wahn.
Da bemerke ich, dass der Treemare versinkt. Von seiner stolzen Höhe ist nicht mehr viel geblieben. Der Garten ist ein Trümmerfeld aus schlammigen, zerborstenen Ästen; nur noch der Rumpf des Dämons, an dem ich klammere, steht – und versinkt, zunächst langsam und dann immer schneller, in den unergründlichen Tiefen des Sees.
Auch ich will dort hinab, möchte nach den anderen suchen. Aber das Schicksal will es anders. Der Treemare bäumt sich ein letztes Mal auf, schüttelt sich, wirft mich ab. Mit großer Wucht werde ich auf das Ufer geschleudert, fliege auf die Statue einer Elfenfrau zu: Ich sehe ihr Lächeln, ihren ruhigen Blick, die zum Gruß ausgestreckte Hand.
Welcome, Tara, child of the steppe.
Ich höre es knirschen, mein Kopf kracht gegen die Statue. Verliere nicht das Bewusstsein, aber rutsche an ihr hinab, halte ihre Beine umschlungen wie ein Kleinkind den Rockzipfel seiner Mutter. Die Welt ist ein bunter Reigen aus ineinanderfließenden Farben, das Licht verändert sich zu schnell – hell, dunkel, dunkel, hell.
Der Treemare versinkt. Sein Schreien erstirbt, der Treemare ist fort. Da ist Nebel über dem See. Die Sonne

bricht durch die Wolken. Die Äste auf der Lichtung zerfallen, werden zu schlammigen Pfützen, fließen zu dem kleinen See hin und verschwinden darin.
Die Farbe des Sees verändert sich, wechselt von Schlammgraugrün zu Grün, von Grün zu Grau, von Grau zu Blau, von Blau zu Weiß, von Weiß zu Silber, von Silber zu Gold. Eine Blume taucht aus den Tiefen des Sees herauf, genau in seiner Mitte.
Die Vögel kehren zurück. Binnen Minuten wird aus dem dunklen Ort ein wunderschöner Garten, wird aus der Dämmerung Gleißen und aus der Dumpfheit Strahlen. Ich sitze noch immer da, die Stirn an das Gewand der Elfe geschmiegt. Als könnte der kalte Stein mir Trost geben für einen Verlust, für den es keinen Trost geben kann.
Wie von fern dringt plötzlich eine Stimme an mein Ohr, ein leises Klingen wie von Glocken. Aus dem Palast heraus kommen sie in den Garten: die Elfen auf ihren Einhörnern. Strahlend, wunderschön. Ihr Zauber erreicht mich, doch mein Herz berührt er nicht. Eine der Elfen löst sich aus dem Zug, kommt näher, steigt ab. Ich erkenne sie, es ist die Frau, zu deren Füßen ich knie. Sie ist Lekastes wie aus dem Gesicht geschnitten, ist ihre jüngere Ausgabe, ihre Tochter vielleicht. Sacht legt sie mir die Hand auf die Stirn, fährt mit ihren weichen, kühlen Händen über mein zerschundenes Gesicht, schließt Wunde um Wunde, bis meine Haut wieder ganz ist und nichts mehr erinnert an jenen Kampf, den ich noch vor Kurzem geführt habe.

"We, the elves of the elf wood, **thank** you, young steppe-huntress. **From the bottom of our hearts** we thank you. You have made us whole again."

Ihre Stimme ist wie eine Melodie. Das Flackern der Farben, der schnelle Wechsel von Hell und Dunkel verschwindet. Was bleibt, ist Helligkeit, ist gleißender Sonnenstrahl, sind jubelnde Vögel und von Schönheit und Anmut strahlende Elfen in einem wunderbaren Garten. Eine Blume auf einem klaren See. Ein Hügel, der sich zu erheben beginnt – langsam, wie eine kleine Insel.

Und inmitten all dessen die durch nichts gemilderte Erkenntnis, dass zwei Menschen, die ich liebe, ihr Leben für diese Herrlichkeit gegeben haben.

thank danken
from the bottom of our hearts aus tiefstem Herzen

Lekastes tritt an meine Seite, und der Schmerz überspült mich wie die Welle das Schilfgras: Auf ihrer Schulter sitzt ein Kobold. Verschlafen blinzelt er mit den Augen, die nicht gelb sind wie Butterblumen, sondern rot wie frisches Blut: Flabbergast, Pixies Großvater. Sein Anblick treibt mir die Tränen in die Augen. Mit seinem Schabernack hat er nicht nur sich selbst und den Elfenwald in einen hundertjährigen Schlaf gestürzt, nein: Er hat auch meine Eltern getötet. Meinen Bruder. Und seinen eigenen Enkel. Ob er es weiß? Ob es ihn schmerzt? Und ob Lekastes weiß, wer Schuld trägt an ihrem, an meinem unendlichen Leid?

Die Elfenkönigin lächelt mich an, kommt näher. Ihre Stimme ist wie der Sommerwind, ihre Augen sind klar wie der Blick des Falken. "You are one of the steppe people. You are a huntress. I see it in your heart: you are sad. You are angry. Forget about the past, my dear. Things come and things go. This is the circle of nature, the circle of life. Did we forget to teach you that?"
Es vergessen?! Ich starre Lekastes zornig an. Aber sie lächelt noch immer, legt ihre feingliedrige Hand unter mein Kinn und wendet es gegen meinen Willen zum See. Ich blinzele, schließe die Augen, öffne sie wieder. Glaube nicht, was ich sehe. Und schließlich verstehe ich: Things come and things go. This is the circle of nature, the circle of life. Did we forget to teach you that?
Leise fügt sie hinzu: "Did we forget to teach you hope, young steppe-huntress?"
Ich schüttele den Kopf, reiße mich los, fliege zum See hinab. An seinem Ufer liegt mein Bruder, an seiner Seite der Menschenjunge mit den großen, gelben Augen. Pure magical creatures never die – unless they are killed. Or they decide to die of their own free will – by leaving their old world behind. Which means: they choose to change their form, their whole being, forever. By becoming an elf. Or human, for example.
Und noch etwas verstehe ich: Die kleine Insel in der Mitte ist nun ganz aus dem Wasser herausgewachsen, und in ihrer Mitte blüht die Elfenfeuerblume, strahlend hell, leuchtend wie das Leben selbst. Nun, da mein Blick auf ihr ruht, kann ich sie spüren – die Nähe

meiner Eltern. Wo sonst hätte er sein können, der Garten zwischen Licht und Traum, wenn nicht hier, im Herzen des Elfenwaldes?
“Thank you, Lekastes. Thank you, Ancient Spirits. Thank you so much”, flüstere ich. Und dann lege ich mich zu den zwei Menschen auf den weichen Boden, halte sie beide in meinen Armen, lausche ihrem Herzschlag und sehe voller Dankbarkeit hinauf in den blauen, blauen Himmel.

Home Is Where the Heart Is

Wir reiten über die Hügelkuppe, Turien, Pixie und ich. Ich und Pixie auf Stormwind, Turien auf Albions Rücken. Hinter uns geht blutrot die Sonne unter. Es ist der Abend des achten Tages nach Beendigung der Reifeprüfung. Merle, Kestrel, Niall, Thale und die anderen sind jetzt erwachsen, vollwertige Mitglieder des Stammes. Ich bin als Kind fortgegangen, im Elfenwald erwachsen geworden und kehre doch als Kind zurück. Und bringe eine neue Familie mit.
Es ist Merle, die uns als Erste sieht. Meine Merle, die mit dem Rücken zum Lager steht und in die Steppe schaut, als habe sie gewusst, dass ich komme. Als habe sie mich erwartet. Und wer weiß: Vielleicht hat sie das sogar. Wir waren schon als kleine Kinder gut darin, die jeweils andere an den unmöglichsten Stellen zu finden. Wir wussten einfach: Sie würde kommen.

home Heimat

Und so ist es auch heute. Merle, die das rot bestickte Gewand der Jäger des Steppenvolkes trägt, springt auf, als sie uns sieht, und ihr Schrei gellt durch das ganze Lager: "Sie sind wieder da! Tara and Turien! Stormwind und ... By the Ancient Spirits, sie sind zurüüüück!!" Dann stürmt sie vorwärts, uns entgegen, den Hügel hinauf.
Binnen weniger Wimpernschläge kommt das gesamte Lager zusammen, allen voran Ravi und Runa. Ihre Blicke kann ich aus der Ferne nicht deuten. Dass ich

ihre Gebote nicht befolgt habe, ist offensichtlich, Albion ist der lebende Beweis dafür. Aber sie haben nicht viel Zeit, darüber nachzudenken, wie sie meinen Ungehorsam ahnden sollen. Ich sehe es an der Art, wie sie einander staunende, fassungslose Blicke zuwerfen, an der Art, wie sie einander anstoßen, um den jeweiligen Nachbarn auf das aufmerksam zu machen, was doch für jeden offensichtlich ist: Hinter mir überqueren die Elfen die Hügelkuppe: Lekastes und ihr Gefolge auf ihren Einhörnern, gut fünf Dutzend Reiter an der Zahl und Flabbergast in Koboldgestalt an ihrer Seite. Stumm denke ich an den Augenblick zurück, als er an unsere Seite trat, damals, am See. Wie er zu seinem Enkel ging, ihm über die Stirn strich und flüsterte: "I never expected you to go this far, my **grandson**. I hope you will never **regret** it." Erinnere mich, wie der Menschenjunge Pixie seine Augen öffnete: "You never really loved her, did you? And you feel no sorrow about what we did, do you, Grandfather?" In Flabbergasts Augen habe ich die Antwort gelesen, die er uns nie gegeben hat: Er ist ein Kobold, durch und durch. Er wird ein Kobold bleiben. Und: Nein, er bereut nichts. Unsere Gefühle sind ihm fremd.

grandson Enkelsohn
regret bereuen

Und noch etwas habe ich in den Tagen darauf verstanden, und es hat mich staunen gemacht und mir gezeigt, wie fremd uns die Elfen sind: Lekastes trägt es ihm nicht nach, keine der Elfen tut es. "But that is what he is", hat sie mir erstaunt geantwortet, als ich sie gefragt habe,

warum sie ihn weiter an ihrer Seite duldet. Things come and things go.
Vielleicht muss man ein Elf sein, um so denken zu können. Oder älter, weiser, als ich es bin.
Pixie greift nach meiner Hand, beugt sich vor zu mir. "Just go, Tara, enjoy your **homecoming**. Don't worry. I'll wait for you as long as you want me to."
Ich drücke seine Hand: "Of course you will", flüstere ich, und er lacht.
"Yes. Of course I will."
Da ist Merle heran, fliegt uns entgegen, stemmt sich an Stormwind empor, schenkt Pixie ein kurzes, erstauntes Lächeln und zerrt mich dann vom Pferd herab, kugelt mit mir über die Wiese, boxt mir in den Bauch, rauft mir das Haar und singt immer wieder meinen Namen: "Tara, Tara, Tara, Tara!"
Aus den Augenwinkeln sehe ich, wie Jela, Turiens engste Freundin, ihn ebenso glücklich, wenngleich deutlich sanfter begrüßt, und muss lächeln, als nun Runa ihre Röcke rafft und den Berg hinaufstolpert, dann wieder inne hält, Ravis Namen ruft, zwei Schritte zurückgeht, und dann doch einfach weiterläuft, auf uns zu, um uns in die Arme zu schließen. Dass Merle bei mir steht, stört sie nicht, als sie nach meinen Händen greift, mir fest in die Augen sieht: "Will you ever **forgive** us, Tara? Forgive me?"
"I love you, Runa", sage ich schlicht. "I didn't understand **at first**, but I

homecoming Heimkehr
forgive vergeben
at first anfangs

have learned how hard it feels to fail. And I know what fear is. I will never forget."

Merle starrt uns verständnislos an, aber Runa nickt. Sie hat verstanden.

Lekastes und Ravi treffen sich in der Mitte des Hügels. Ich höre nicht, was sie sagen, aber ich sorge mich auch nicht. Schon morgen werden wir wieder gemeinsam jagen, die Elfen und das Steppenvolk. Aber bis morgen ist noch viel Zeit. Die Nacht gehört Merle und mir, denn ich muss ihr von etwas erzählen, das mir auf der Seele brennt und über das ich noch mit niemandem gesprochen habe, Turien einmal ausgenommen, aber der war ja auch dabei.

"Wir sind verabredet Merle, unten bei unserem Stein. Erinnerst du dich?"

Sie lacht über das ganze sommersprossige Gesicht: "Ich hätte dich niemals allein gehen lassen dürfen. Und das nächste Mal, das nächste Mal werde ich dich begleiten."

Dann zieht sie mich mit sich fort, zu unserem Stein, während die Elfen in unser Lager reiten und das Steppenvolk ein Festmahl vorbereitet.

Dies wird eine Nacht der Geschichten. Eine Nacht der Erinnerungen. Ich mache den Anfang, als ich Merle erzähle, was mir in den letzten Tagen widerfahren ist – auf dem Weg zum Elfenwald, im Elfenwald selbst, von dem Tod des Treemare und an den Tagen danach. "Ich habe sie gesehen, Merle. Meine Eltern. In dem Garten zwischen Licht und Traum. Es gibt ihn wirklich, auf einer kleinen Insel im Herzen des Elfenwaldes. Es ist kein Garten, wie wir ihn uns denken. Von außen betrachtet, wirkt er klein, und wir können ihn nur mit unserer Seele betreten. Aber wenn wir dort sind, ist er größer, als das Herz es fassen kann. Ich habe sie gesehen, verstehst du? Sie gespürt, überall um mich herum! Ihre Stimmen gehört in meinem Herzen! Es war so wundervoll, Merle ..."

Sie hört mir lange zu, stumm, die Augen voller Staunen.

"Wirst du uns verlassen?", fragt sie schließlich, als wir Seite an Seite in die Sterne starren.

"Scht", sage ich und lege ihr den Finger auf die Lippen. "Scht, Merle. Home is where the heart is – weißt du nicht, was unsere Lieder sagen? Ich bin Tara, Tochter von Kian and Andra und Schwester von Turien. Eines Tages werde ich eine Jägerin sein, wie du es bist. Und ich will niemals etwas anderes sein."

Sie nickt, lacht, nimmt meine Hand. Und dann gehen wir gemeinsam zum Thing-Platz hinab. Zu unserem Volk, das heute mit Pixie ein neues Mitglied hinzugewonnen hat, zu dem Volk der Elfen, zu den Pferden und Einhörnern. Erst gehen wir, dann laufen wir, immer schneller, lachend, und halten einander an den Händen. Merle und Tara – Tara, daughter of Kian and Andra, sister of Turien.

Spannung – Liebe – Action – Fantasy

Welcher Typ bist du?

nformationen zu allen Titeln unter www.langenscheidt.de

Langenscheidt

ENGLISCH
WORLD OF
FANTASY
DEUTSCH

ISBN 978-3-468-20638-2, € 6,99

ISBN 978-3-468-20637-5, € 6,99

Die 13-jährige Gwenny lebt als Bedienstete am Hofe König Garolan. Als dieser zur Windinsel aufbricht, um die verschwundene Windprinzessin Mandala zu suchen, geht Gwenny heimlich mit an Bord seines Segelschiffs. Wird sich auf der gefahrvollen Reise das Rätsel ihrer Herkunft lösen?

Friendland ist erschüttert – der ewi Schlaf des Riesen Ramborol ist unruhig geworden und er droht zu erwachen. Friendland und die Welt der Menschen sind in Gefahr. Wird es Simo und Timmy gelingen, mit Hilfe der Fanta Time Machine zu Ramborol zu gelangen und ihn zu besänftigen?

Mehr Bücher findest du hier:
www.langenscheidt.de/world-of-fantasy

Langenscheidt
Kinder- & Jugendbuch